Joachim König

Einführung in die Selbstevaluation

Ein Leitfaden zur Bewertung der Praxis Sozialer Arbeit

Lambertus

ISBN 978-3-7841-1780-5

2., neu überarbeitete Auflage
Alle Rechte vorbehalten
© 2007, Lambertus-Verlag, Freiburg im Breisgau
Umschlag: Christa Berger, Solingen
Satz, Gestaltung: Ursi Anna Aeschbacher, Biel/Bienne
Herstellung: Franz X. Stückle, Druck und Verlag, Ettenheim

Bibliografische Information der Deutschen Nationalbibliothek

Die Deutsche Nationalbibliothek verzeichnet diese Publikation in der
Deutschen Nationalbibliografie; detaillierte bibliografische Daten
sind im Internet über http://d-nb.ddb.de abrufbar.

Inhalt

Einführung

In Evaluation steckt „value", das englische Wort für Wert. Und genau darum geht es in diesem Buch – um den Wert Sozialer Arbeit.

- Um den Wert, den sie für ihre *KlientInnen* in der Beratung, für die AdressatInnen in der Jugendhilfe oder für TeilnehmerInnen von Freizeit- oder Bildungsmaßnahmen hat.

- Um den Wert, den sie für die *Organisationen* hat, in denen sie erbracht wird, für die Einrichtung also, in der beraten, erzogen und geholfen wird.

- Um den Wert, den sie für eine *Gesellschaft* hat, die dafür Verantwortung trägt, dass Soziale Arbeit getan wird und dass die entsprechenden Mittel für ihre Durchführung zur Verfügung gestellt werden.

Wenn es aber um den Wert Sozialer Arbeit geht, so wird gleich zu Beginn eines klar: Werte sind nie allgemein gültig und objektiv fassbar. Sie sind zunächst immer ‚nur' individuell zu bestimmen und ‚nur' subjektiv begreifbar. Für wen hat welche Art der Sozialen Arbeit welchen Wert? Dies ist immer mit zu denken und vor allem dann wichtig, wenn wir uns dazu entschließen, den Wert *unserer* Sozialen Arbeit *selbst* zu bestimmen, d.h. sie zu evaluieren.

Was für den einen wertvoll ist, kann für die andere ganz wertlos sein. Was hier und heute als lohnenswert erachtet wird, kann dort und morgen völlig unbedeutend sein. Wir haben es also bei der Frage nach dem Wert Sozialer Arbeit immer mit dem spannenden Problem zu tun, dass verschiedene Positionen, subjektive Einschätzungen und Motive, also Wertvorstellungen hinter den ganz unterschiedlichen Antworten auf diese Frage lauern und – womöglich – alle ihre Berechtigung haben.

Das macht die Sache nicht gerade einfacher – und ein zweites kommt hinzu: Das Geld wird knapp in den öffentlichen Kassen. Eine schleichende Ökonomisierung der Frage nach der sozialen Verantwortung des Staates hat begonnen. So wird etwa immer häufiger auch die Forderung nach der Prüfung der volkswirtschaftlichen Effizienz von Einrichtungen der Sozialen Arbeit laut: Steht denn – so wird gefragt – der öffentliche

Aufwand, der für die Bereitstellung der sozialen Dienste getrieben wird, in einem sinnvollen Verhältnis zum Nutzen, den sie für das Gemeinwesen haben? Die Folge ist eine zwangsläufige und zunehmende Orientierung der einzelnen Dienste an *betriebswirtschaftlichen* Überlegungen. Das bedeutet: Der Nachweis von Qualität und das Bemühen um Effizienz verdrängen zunehmend die bisherigen Bemühungen der Einrichtungen um ein möglichst effektives Handeln. War die Systematik des beruflichen Handelns in der Sozialen Arbeit bisher an der möglichst optimalen Erreichung gesteckter, fachlich begründeter Ziele orientiert, so treten Fachlichkeit und Wirtschaftlichkeit nunmehr in ein direktes Konkurrenzverhältnis – im Arbeitsalltag der Fachkräfte. Dies ist zunächst auch nichts grundsätzlich Problematisches. Was spricht dagegen, den Nachweis zu führen, dass etwa präventive Jugendsozialarbeit in der Lage ist, wesentlich höhere Folgekosten im Strafvollzug zu vermeiden, dass gezielte sozialpädagogische Beratung mittel- und langfristig zur Entlastung der Kostenexplosion im Gesundheitswesen beitragen kann? Problematisch erscheint nur, dass an vielen Stellen inzwischen das Kind mit dem Bade ausgeschüttet zu werden droht: Maßstäbe der Fachlichkeit Sozialer Arbeit werden geradezu verdrängt vom Kriterium der Wirtschaftlichkeit. Kostengünstige Maßnahmen werden den wirksameren vorgezogen, Billiganbieter Sozialer Arbeit entstehen, Preisdumping boomt, Standards werden geopfert: Schlamperei als fatale Folge.

Die Suche nach Antworten auf die Frage nach dem Wert Sozialer Arbeit und damit nach Methoden, die diese Suche erleichtern, führt uns also direkt ins Zentrum der entscheidenden Existenzfragen, mit denen es die Soziale Arbeit derzeit zu tun hat: nämlich zur aktuellen, sehr kontroversen und hitzigen Diskussion um den Stellenwert der Sozialen Arbeit in unserer Gesellschaft. „Warum ist welche Form der Sozialen Arbeit wie wichtig?" wird da gefragt – auf mindestens drei Ebenen. Und Selbstevaluation kann – so die These dieses Buches – auf allen drei Ebenen einen Beitrag zur Beantwortung dieser Fragen leisten:

- *Soziale Arbeit als gesellschaftliches Subsystem* sieht sich von anderen Bereichen, vor allem der Politik und der Ökonomie herausgefordert. Es geht dabei um Verteilungsfragen und um Verteilungskämpfe, in denen anscheinend nur eines zählt: Eine schlüssige Antwort auf die Frage nach dem Wert dieses Teilbereichs Soziale Arbeit für die gesamte Gesellschaft. Im Zeichen der Verknappung öffentlicher Haushalte gerät selbstverständlich auch Soziale Arbeit zunehmend unter Legitimationsdruck und in den Strudel der überall geführten Kürzungs- und Streichungsdebatten. Differenzierte Evaluationskonzepte können PraktikerInnen jedoch inzwischen in die Lage versetzen, sinnvolle Nachweise der Wirtschaftlichkeit Sozialer Arbeit zu führen (vgl. Heiner, 1994).

- *Soziale Arbeit als wissenschaftliche Disziplin* benötigt für ihre Theoriebildung dringend Wissen darüber, welche unterschiedlichen Funktionen, Wirkungen und Nutzen Soziale Arbeit im Hinblick auf die riesige Palette unterschiedlicher Zielgruppen hat. Auch in ihrem Verhältnis zu den Nachbardisziplinen sind im Diskurs um die Wissenschaftlichkeit Sozialer Arbeit in theoretischer Hinsicht Bemühungen entstanden, – auch durch verstärkte Praxisevaluationen – zur Theoriebildung der „Sozialarbeitswissenschaft" beizutragen (vgl. dazu Engelke, 1993; Wendt, 1994).

- *Soziale Arbeit als Profession* besinnt sich derzeit deshalb auf einen bisher wenig berücksichtigten Teilbereich ihres methodischen Handelns: Indem Praxisforschung als ein hilfreiches Instrumentarium in das Alltagsgeschäft der Sozialen Arbeit integriert wird, könnte sie basisnahe und präzise Erkenntnisse liefern, worin im Einzelfall oder auf eine bestimmte Gruppe von AdressatInnen bezogen der Wert des beruflichen Handelns denn liegt. Im Rahmen der Professionalisierungsdebatte hat sich daher in den letzten Jahren verstärkt die Einsicht durchgesetzt, dass praxis- und handlungsorientierte Evaluation in den verschiedenen Arbeitsbereichen der Sozialen Arbeit gezielte Beiträge zur Steigerung ihrer Fachlichkeit und damit zur Entwicklung neuer Standards methodischen Handelns leisten kann (vgl. dazu Heiner u.a., 1994).

Mindestens auf drei Ebenen entsteht also ein Nutzen für die Soziale Arbeit, wenn sie versucht, sich den Fragen nach ihrem Wert zu stellen. Darum geht es im ersten Kapitel dieses Buches. Im zweiten Kapitel wird der Versuch unternommen, überschaubare Schneisen und gangbare Pfade in das Dickicht der Begriffe zu schlagen, der sich um die öffentliche, fachliche und wissenschaftliche Debatte der letzten Jahren gebildet hat. Es fällt nämlich nicht leicht, sich nach Durchsicht der Literatur im Dschungel der Begrifflichkeiten zurechtzufinden: Um den Begriff der Qualität ranken sich inzwischen Floskeln und Formulierungen, die nicht mehr viel zum Verständnis und zur Klarheit der eigentlichen Gehalte beizutragen scheinen – und schon gar nichts zur Beantwortung der bangen Fragen der PraktikerInnen – der Fragen nämlich nach dem Erfolg der eigenen Arbeit und den Kriterien zu dessen Einschätzung.

Die Absicht des zweiten Kapitels ist es deshalb, einen eindeutigen und nachvollziehbaren Weg aufzuzeigen, der beim Begriff der Qualität beginnt, ihm zumindest ein Stück seiner Mystik und Schwammigkeit zu nehmen versucht und schließlich zur Selbstevaluation führt, als einem Instrumentarium für die Praxis, das es zu definieren und auf seine Merkmale und seinen Nutzen hin zu bestimmen gilt.

Der *erste Teil* des Buches besteht also aus Grundüberlegungen, deren Erarbeitung das Hineinfinden in eine Debatte erleichtern soll, an deren Ecken und Enden Fallstricke und Fettnäpfchen lauern, aber auch Versprechungen und Verheißungen für unseren Berufsalltag zu finden sind. An den Erwerb der Kompetenz zum Mitreden und zum Mitbestimmen ist also dabei gedacht und nicht an eine umfassende theoretische Aufarbeitung des Themas. Dieser erste Teil ist als theoretisches Fundament gedacht, für den *zweiten Teil* des Buches, der einen Leitfaden für die praktische Vorgehensweise beim Selbstevaluieren enthält, und für den *dritten Teil*, in dem konkrete Instrumente für den Einsatz in der Praxis beschrieben werden.

Deshalb ist dieses Buch in erster Linie für Fachkräfte und Studierende geschrieben, denen es um die Praxis der Selbstevaluation in der Sozialen Arbeit, um ihre Möglichkeiten und Grenzen geht. Es ist eine Lern- und Arbeitsgrundlage für alle Fachkräfte in der Sozialen Arbeit,

- die nach Möglichkeiten suchen, ihre eigene Praxis einer systematischen Beschreibung und Bewertung zu unterziehen;

- die Kriterien für die Entscheidung brauchen, ob und unter welchen Bedingungen ein Evaluationsvorhaben in einer bestimmten Situation sinnvoll und Erfolg versprechend erscheint;

- die eine Grundlage für die Planung und Vorbereitung eines eigenen Selbstevaluationsprojektes suchen;

- die konkrete methodische Fragen innerhalb eines bereits laufenden Evaluationsprozesses haben.

Bei einem solchen Vorhaben stellt sich natürlich gleich zu Beginn die Frage nach der Grundstrategie, nach der Logik des Vorgehens: Welcher rote Faden zieht sich durch das Buch und erschließt ein so komplexes und differenziertes Feld wie das der Frage nach dem Wert Sozialer Arbeit? Nun – meine Kinder haben mich darauf gebracht, indem sie viele Jahren mit großer Ausdauer immer und immer wieder *Fragen gestellt* haben, und zwar einen ganz bestimmten Typ von Fragen:

„*Warum* ist das so?" – „*Wie* geht das?" – „*Wann* machen wir das?" – „*Wo* geht's denn da hin?" – „*Wozu* brauchst Du das?" und so weiter. Wir alle kennen diese berühmten *W-Fragen*. Sie helfen uns – ausformuliert oder nur gedacht – bei der Erschließung der Welt, beim kennen Lernen und Verstehen von komplizierten und unübersichtlichen Gebieten, in denen wir uns noch nicht auskennen.

Schon seit der Antike spielen diese Fragen deshalb auch in der Philosophie eine entscheidende methodische Rolle: Seit Aristoteles nämlich gelten W-Fragen als der entscheidende philosophische Zugang zur Ergründung komplizierter und zunächst vielleicht undurchschaubarer Zusammenhänge und Phänomene. Auf der Suche nach Begründungen und Erklärungen für bisher Unbekanntes gilt dessen Erschließung durch das Stellen und die Versuche der anschließenden Beantwortung von W-Fragen als zentrales Grundprinzip (vgl. dazu z.B. Aristoteles zit. nach Wolf, 1994).

Allerdings waren unter diesen vielen W-Fragen meiner Kinder, besonders während der Arbeit an diesem Buch, immer wieder auch Fragen wie „Warum sitzt du denn jetzt schon wieder am Schreibtisch?" – „Wann bist du denn endlich fertig?" – „Was machst du da überhaupt?" – „Wer hat denn überhaupt was davon?" Ich will deshalb an dieser Stelle um Einsicht und um ein mildes Urteil im Nachhinein bitten, bei Benjamin und Francisca und bei meiner Frau, die in dieser Zeit besonders und neben ihrer eigenen Arbeit die Konsequenzen im Alltag unseres gemeinsamen Haus- und Familienlebens zu tragen hatte. Ihnen will ich deshalb dieses Buch widmen und mich außerdem ganz herzlich bedanken für den guten und immer ermutigenden Rat meiner Freunde, Kolleginnen und Kollegen, vor allem bei Jochen Puch und Klaus Lehmhaus.

Teil 1
Theoretische Grundlagen der Selbstevaluation

1. Herausforderungen

Dieses Buch ist vor allem aus der Absicht heraus entstanden, den Kolleginnen und Kollegen in der Praxis brauchbare Instrumente zur Beschreibung und Bewertung ihres Alltagsgeschäfts an die Hand zu geben. Dieses Buch geht davon aus, dass hier in den letzten Jahren ein enormer Bedarf entstanden ist, ein Lern- und Nachholbedarf im Hinblick auf diese ‚neue Art professionell zu arbeiten‘, der sich inzwischen auch in den Studienplänen der Hochschulen für Soziale Arbeit niederzuschlagen beginnt. Bei genauerem Hinsehen jedoch wird deutlich, dass dieser neue Bedarf ganz unterschiedliche Wurzeln hat. Es sind Herausforderungen auf mindestens drei Ebenen, die diesen Bedarf im Wesentlichen erzeugt haben. Ihnen hat sich Soziale Arbeit zu stellen, und sie bemüht sich zur Zeit um eine je eigene Position. Sie sucht

(1) nach einer neuen, eigenständig begründeten *Position in der Gesellschaft* zwischen den (sozial)politischen und den ökonomischen Systemen,

(2) nach einem eigenen theoretischen *Profil als wissenschaftliche Disziplin* in Abgrenzung und in Ergänzung zu ihren Bezugswissenschaften und

(3) nach einer *neuen Professionalität*, die auch die systematische Suche nach Wissen über ihren sehr komplexen Gegenstand methodisch mehr berücksichtigt.

Meine These angesichts dieser Anforderungen lautet deshalb: Selbstevaluation als Instrumentarium leistet nicht nur viele einzelne Beiträge zur Verbesserung der individuellen Praxis vor Ort. Darüber scheint inzwischen weitgehend Einigkeit zu bestehen. Sie ist auch in der Lage, so behaupte ich, mit Blick

- auf die Gesellschaft, in der Soziale Arbeit geleistet wird,

- auf den wissenschaftlich-theoretischen Hintergrund, vor dem sie entstanden ist, und

- auf die Professionalisierungsdebatte, die nicht beendet ist,

Beiträge von ,übergeordneter Reichweite' zu leisten, und sie kann so diesen genannten Herausforderungen sinnvoll begegnen.

Daher erscheint es mir sinnvoll und lohnend zugleich, dem vorliegenden Praxisleitfaden auf den folgenden Seiten einige theoretische Gedanken voranzustellen. Diese Überlegungen thematisieren zunächst die drei genannten Herausforderungen und kommen zu einem gemeinsamen Schluss: Es ist notwendig und sinnvoll zugleich, dass sich die Fachkräfte systematisch mit der Qualität Sozialer Arbeit auseinander zu setzen – und zwar mit Hilfe des Instrumentariums der Selbstevaluation. Deshalb unternehme ich sodann den Versuch, mich diesem schwierigen Begriff der ,Qualität' zu nähern. Darauf schließlich aufbauend wird Selbstevaluation in ihren theoretischen und methodologischen Zusammenhang, also in die Debatte um die Qualität Sozialer Arbeit und in die große Vielfalt unterschiedlicher Evaluationsansätze im sozialwissenschaftlichen Bereich eingeordnet, definiert und näher bestimmt. So wird insgesamt deutlich, welchen Stellenwert sie hinsichtlich dieser Herausforderungen besitzt.

1.1 Die gesellschaftlich-politische Herausforderung

Soziale Arbeit ist auf der Suche nach einer eigenständigen Position in unserer Gesellschaft. Schon immer war es für die Soziale Arbeit eine große Herausforderung, zu begründen, worin denn ihr Nutzen und ihr Beitrag für das Gemeinwesen liegt. Die Diskussion um den Stellenwert Sozialer Arbeit ist aber in den letzten Jahren komplizierter und heftiger geworden. Ein lebhafter Streit ist darüber entstanden, wie denn der Beitrag Sozialer Arbeit zum Funktionieren unserer Gesellschaft begründet werden solle. Denn: Neben der klassischen, *fachlich-ethischen* Argumentation, dass Menschen in sozialen Notlagen zu helfen sei und dazu der Einsatz von professionell handelnden Fachkräften notwendig ist, tritt im Zeichen der Verknappung öffentlicher Mittel zunehmend eine *funktionalistisch-ökonomische*, die versucht, Hilfebedarfe insgesamt zu definieren und dann nach möglichst effizienten Formen zur Deckung dieser Bedarfe zu fragen. Im ersten Fall – so wird schnell deutlich – steht die Hilfe für Menschen und deren moralische Begründung im Vordergrund. Im zweiten Fall stehen die produkthaften Leistungen eines Hilfesystems im Vordergrund, die mit möglichst geringem Aufwand zu erbringen sind. Obwohl es in beiden Fällen im Kern um exakt das gleiche Anliegen geht, nämlich um die möglichst gute (und spätestens hier kommt der Qualitätsbegriff ins Spiel) Lösung sozialer Probleme und die Unterstützung der betroffenen Menschen dabei, unterscheiden sich die Herangehensweisen bei der Begründung dieser Hilfeleistungen diametral. Dies wird dann besonders deutlich, wenn man feststellt, dass die Auseinandersetzung über die verschiedenen Herangehensweisen inzwischen in unterschiedlichen Sprachen stattfindet, was die Verständigung nicht gerade einfacher macht. Es ist uns wohl nicht immer genügend bewusst, wie stark unser Denken und damit auch unsere Meinungen und Entscheidungen von der Sprache abhängig sind, die beim Argumentieren verwendet wird. Bei näherer Betrachtung stellt sich heraus, dass die *klassische Fachsprache* der Sozialen Arbeit zur Beschreibung und Begründung ihres beruflichen Handelns an allen Ecken und Enden von einer *Sprache der Wirtschaft und des Marktes* beeinflusst und überlagert wird. Eine teils nachvollziehbare, teils aber auch völlig inhaltsleere Lyrik der Ökonomie scheint das Begriffsgebäude der Sozialen Arbeit zu überwuchern. Es ist modern geworden, Wörter zu benutzen wie ‚hocheffiziente Ablaufoptimierung' oder ‚Schnittstellenregulierung', ‚Outcome' oder ‚Modul', ‚Leistungserstellungsprozess, oder ‚kostentreibende Altersentwicklung'. Eine befriedigende Übersetzung indes steht – wenn sie denn Sinn machen und überhaupt gewollt sein sollte – in vielen Fällen noch aus.

Die sprachliche Ökonomisierung der Sozialen Arbeit (und nicht nur die!) ist in vollem Gange und hat, solange sie so schleichend und für Viele kaum bewusst vonstatten geht, etwas beinahe beängstigend Kolonialisierendes. Dies Entwicklung scheint nicht ungefährlich, und trotzdem (bzw. gerade deswegen) muss und soll sich die Soziale Arbeit auf diese Diskussion um ihren Stellenwert zwischen wohlbegründeter Fachlichkeit und den Argumenten des Marktes einlassen.

Außerdem sind Einmischung und Rechtfertigung gefragt, wenn die Verhandlungen der künftigen Möglichkeiten sozialer Sicherung und damit auch der Rolle und des Werts Sozialer Arbeit künftig nicht mehr direkt über die staatliche Verantwortung, sondern durch den Markt vermittelt stattfinden. Etwas vereinfacht und idealtypisch betrachtet werden diese Auseinandersetzungen zurzeit im Wesentlichen von zwei Diskussionsrichtungen geprägt, die der Sozialen Arbeit ihre Aufgabe in der Gesellschaft auf sehr unterschiedliche Weise zuschreiben. Jochen

Puch spricht von „zwei zentralen Argumentationsmodellen (...), die empirisch betrachtet durchaus nebeneinander umgesetzt werden: Das Modell der Reduzierung sozialstaatlicher Leistungen zu Gunsten von privater Vorsorge und Verantwortung (das *„neoliberale Modell"*) und das Modell des qualitativen Umbaus des Sozialstaates durch Stärkung der Kräfte der Solidarität und der Selbstorganisation (das Modell der *„neuen Subsidiarität"*)" (vgl. Puch, 2000).

Vor allem das zweite Modell gibt uns Hinweise darauf, dass im Diskurs um die künftige Gestalt des Sozialen neben Markt und Staat inzwischen noch eine dritte Kraft entstanden ist, die sich anschickt, kräftig mitzureden: Das selbst gestaltete Engagement und die selbst verantwortete Hilfe von BürgerInnen für BürgerInnen auf der Mikroebene, also in den kleinen Lebenszusammenhängen vor Ort, in Kommunen und sozialen Netzwerken tritt stärker in den Vordergrund. Nachbarschaftshilfe, Tauschbörsen oder Freiwilligenzentren spielen deswegen eine immer bedeutendere Rolle in dieser Diskussion, weil durch diese Formen der neuen Ehrenamtlichkeit nicht nur die Frage nach der Professionalität solcher Hilfen neu diskutiert werden muss, sondern auch, weil aus der Perspektive des Marktes jede Form der Ehrenamtlichkeit aus leicht nachvollziehbaren Kostengründen zunächst aller teureren Fachlichkeit vorzuziehen ist.

In diesem Dreieck zwischen

- in Frage gestellten staatlichen Garantien für soziale Hilfeleistungen,

- scheinbar zwangsläufigem ökonomischem Streben nach größtmöglicher Effizienz und

- der berechtigten bürgerschaftlichen Forderung nach Beteiligung und Selbstbestimmung

spielt sich also der vielsprachige und immer wieder heftige Diskurs um den Wert Sozialer Arbeit ab.

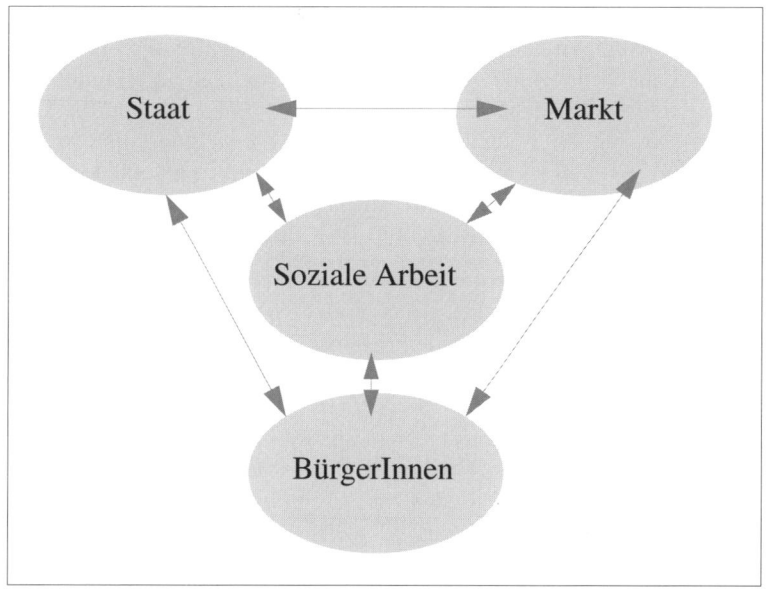

Eine sinnvolle Lösung für den Umgang mit all diesen legitimen Ansprü-
chen kann für die Soziale Arbeit nur in der selbstbewussten Diskussion
der auf diese Weise neu entstandenen Widersprüche und in der Suche
nach einer Kompromisslinie liegen. Auch wenn dies eine große Aufgabe
und Herausforderung ist und auch, wenn die Fragen an Soziale Arbeit un-
angenehm und oft nur schwer zu beantworten sind, kommt unsere ‚Zunft'
um ihrer eigenen Existenz willen nicht an dieser Aufgabe vorbei.

- Sie muss die staatliche Verantwortung für das Soziale auch gegen
  alle liberalisierenden Tendenzen und Ansprüche fachlich immer
  wieder neu begründen. Vor allem ethische Argumentationen spielen eine entscheidende Rolle, wenn Zielkonflikte zwischen staatli-
  cher und marktorientierter Logik entstehen.

- Sie muss bei knapper werdenden Ressourcen über deren effiziente-
  ren Einsatz zur Sicherung des Bestandes der bestehenden Hilfesysteme nachdenken. Betriebswirtschaftliche Logik und die Instru-
  mentarien des Managements sind dabei wichtige Hilfsmittel und
  nicht nur die bedrohlichen Fangarme der ‚ökonomischen Krake',
  die die Soziale Arbeit zu umschlingen versucht.

• Sie muss Bürgerinnen und Bürger an der Verantwortung für das Soziale beteiligen und traditionelle Formen der Hilfe und des ehrenamtlichen Engagements in ihr berufliches Denken und Handeln integrieren, ohne dabei den demokratischen Anspruch und die Diskussion um die Selbstbestimmtheit der daran Beteiligten in den Hintergrund zu rücken, und – noch wichtiger – ohne die Grenzen zwischen bürgerschaftlichem Engagement, neuer Ehrenamtlichkeit und professioneller Sozialer Arbeit zu verwischen.

In allen drei Fällen besteht ein enormer praktischer Klärungsbedarf in den verschiedenen Bereichen der Sozialen Arbeit. Denn es stellt sich letzten Endes immer die zentrale Frage nach der Wirksamkeit der Sozialen Arbeit im Alltag ihrer unterschiedlichen Arbeitsfelder.

Aus diesen Gründen ist es nahe liegend, dass auf der praktischen Ebene des beruflichen Handelns Instrumente gefragt sind, die die Fachkräfte zu einem ganz konkreten Qualitätsnachweis befähigen. Meine These lautet daher: Konkrete Methoden zur Beschreibung und Bewertung der Handlungsebene bilden vor dem Hintergrund des beschriebenen Diskurses eine wichtige Grundlage für alle Anstrengungen um die Bestimmung der Position der Sozialen Arbeit in der Gesellschaft. Die Beschäftigung mit Qualitätsfragen muss daher ins Zentrum dieser Überlegungen gerückt und mit einem eigenen methodischen Repertoire für die Fachkräfte ausgestattet werden.

1.2 Die wissenschaftlich-theoretische Herausforderung

Soziale Arbeit ist auf der Suche nach dem Profil einer eigenständigen wissenschaftlichen Disziplin. Lässt sich eine so genannte Sozialarbeitswissenschaft in Abgrenzung und in Ergänzung zu den Bezugsdisziplinen der Sozialen Arbeit (z.B. zur Philosophie, zur Psychologie oder zu den Rechtswissenschaften) sinnvoll und eindeutig bestimmen? Nicht nur weil es bei dieser Frage um grundsätzliche Meinungsverschiedenheiten unter Wissenschaftstheoretikern geht, sondern vor allem deshalb, weil das gesamte Professionsverständnis der Sozialen Arbeit angesprochen ist, verläuft diese Auseinandersetzung häufig kämpferisch und nicht selten emotional. Entsprechend vielschichtig und kontrovers sind die Argumentationen und die Antworten in diesem Meinungsstreit.

Die entscheidende Kernfrage, auf die es hinter allen Argumenten immer wieder anzukommen scheint, lautet: Hat die Soziale Arbeit eine eigene Theorie? Ein in sich geschlossenes und konsistentes Theoriegebäude hat sie mit Sicherheit nicht. Allerdings gilt dies auch für andere Disziplinen (z.b. für die Medizin oder die Psychologie), deren Eigenständigkeit gleichzeitig unstrittig ist. Dieser Hinweis von Ernst Engelke (1998, S. 10f) steht in einer langen Tradition (vgl. u.a. Salomon, 1932; Winkler, 1993) und erscheint deshalb plausibel, weil er davon ausgeht, dass letztlich „jede Wissenschaftsdisziplin relativ selbständig *und* (Herv. d. Verf.) mit anderen Wissenschaftsdisziplinen vielfach vernetzt" ist. So plädiert Engelke auch dafür, dass „historisch wie auch wissenschaftstheoretisch gesehen (...) mit Recht von der Sozialen Arbeit – wie von anderen sozialwissenschaftlichen Disziplinen auch – als einer relativ selbständigen wissenschaftlichen Fachdisziplin gesprochen werden" darf. Auf dieser – zugegeben hier sehr verkürzt dargestellten – Argumentation baut Engelke schließlich die Darstellung seiner „Theorien der Sozialen Arbeit" auf, die immer von der Prämisse der Vernctzthcit Sozialer Arbeit mit ihren Bezugsdisziplinen auf der einen Seite und ihrer gleichzeitigen relativen Selbständigkeit auf der anderen Seite ausgeht.

Wie dem auch sei – die entscheidende Frage für uns in diesem Zusammenhang ist nicht die nach der Existenz einer eigenen Theorie der Sozialen Arbeit. Wenn wir davon ausgehen, dass es sinnvoll ist, Sozialer Arbeit zur Eigenständigkeit in der großen Familie aller sozial-, human- und geisteswissenschaftlichen Disziplinen zu verhelfen, ihr sozusagen bei ihrer Emanzipation behilflich zu sein, so lautet die entscheidende Frage: Wie kann die *Weiterentwicklung* und die zunehmende *Präzisierung* der theoretischen Grundlagen für Soziale Arbeit als eigenständiger Profession vorangetrieben werden? Dies ist m.E. derzeit die entscheidende Herausforderung.

Neben der Notwendigkeit, die ethischen, philosophischen und politischen Grundlagen Sozialer Arbeit immer wieder zu überdenken und neu zu formulieren, muss vor allem etwas für die Systematisierung und Intensivierung der *empirischen* Zugänge zur Praxis der Sozialen Arbeit getan werden. Empirische Forschung im weitesten Sinne, also die methodisch geleitete Beschreibung und Erklärung der Praxis Sozialer Arbeit ist hier angezeigt. Sie ist in der Lage, Wissen über den Gegenstand, also über soziale Probleme und deren Lösung durch Soziale Arbeit zu erarbeiten und in ein theoretisches Gesamtbild zu integrieren.

Nur, was ist das denn konkret: empirische Forschung in der Sozialen Arbeit? Ein Blick in die Geschichte sozialpädagogischer Forschung ergibt sehr schnell ein äußerst heterogenes Bild verschiedenster Interessen und Intentionen (übrigens in erstaunlicher Analogie zur Komplexität und Differenziertheit der Problemlagen und Arbeitsfelder in der Praxis der Sozialen Arbeit). Ein Überblick von Werner Thole (1999, S. 233) macht dies deutlich: Neben der Absicht, Forschung schlicht als Instrument zur Reflexion von Praxis oder zu deren Effektivierung zu sehen, stehen Konzepte, die ihr die Aufgabe der Vermittlung zuweisen, einerseits inhaltlich zwischen Theorie und Praxis und andererseits organisatorisch zwischen dem Wissenschaftssystem und den Ausbildungsinstitutionen Sozialer Arbeit. Hans-Uwe Otto (1998, S. 134) ist es gelungen, dieses sehr bunte und in Teilen auch widersprüchliche „patch-work" unterschiedlichster Ansätze und verschiedenster Methoden anhand von drei Typen sozialpädagogischer Forschung zu systematisieren:

- „Erstens wird eine *handlungsorientierte Praxisforschung* konzipiert mit der Aufgabe, die Nahtstelle zwischen sozialpädagogischer Theoriebildung, Ausbildung und Handlungspraxis über erkundende Beobachtungen der letzteren zu schließen.

- Zweitens ist eine *professionsorientierte, reflexive Forschung* als Typus zu lokalisieren, die sich dem Ziel verpflichtet, die Handlungspraxis über explorative Studien zu erschließen, um hierüber diese zu professionalisieren.

- Und drittens ist neben diesen beiden, eher anwendungsbezogenen Forschungstypen eine grundlagenorientierte Forschung zu lizenzieren, also eine *wissenschaftliche, grundlagenbezogene Disziplinforschung"* (zit. n. Thole, 1999, S. 234).

Ein Blick auf die aktuelle Landschaft der Forschung im Bereich der Sozialen Arbeit lässt vor dem Hintergrund dieser Typologie allerdings mindestens vier Feststellungen zu:

(1) Es bestehen fließende Übergänge zwischen diesen Typen. Einzelne Forschungsdesigns sind auf zwei oder sogar allen drei Ebenen angesiedelt.

(2) Es ist daher nahe liegend, dass auch handlungsorientierte Ansätze – sofern dies eine ihrer erklärten Absichten ist – in der Lage sind, zur Theoriebildung beizutragen.

20

(3) Der quantitative Schwerpunkt liegt sowohl historisch als auch aktuell eindeutig auf der Seite der handlungsorientierten Praxisforschung. Dies scheint – durch die komplexe Natur der Praxis Sozialer Arbeit begründet – auch sinnvoll zu sein.

(4) Weit reichende Übereinstimmung herrscht in der Ansicht, dass sich Forschung in den Feldern der Sozialen Arbeit aus den genannten Gründen primär qualitativen, explorativen und zunächst hypothesengenerierenden Methoden bedienen sollte.

	Absicht	Art des Wissens	Praxisbezug	Theoriebezug
Disziplin-forschung	Theorie-bildung	wissenschaft-liches Wissen	niedrig	hoch
Professions-forschung				
Praxis-forschung	Reflexion und Optimierung der Praxis	Handlungs-wissen	hoch	niedrig

Selbstevaluation ist – wie wir noch sehen werden – innerhalb dieser Kategorien ebenfalls als eine allerdings besondere Forschungsmethode zu sehen. Sie befindet sich außerdem am ‚unteren' (praxisorientierten) Ende der vier Skalen, die in der Abbildung angedeutet worden sind, denn ihr Forschungsverständnis ist ein sehr pragmatisches und orientiert sich an den konkreten Qualitätsfragen der Praxis. Gerade weil aber die Grenzen zwischen den verschiedenen Typen von Forschung nicht starr sind, ist – in begrenztem Rahmen – auch davon auszugehen, dass eine auch explizit handlungsorientierte Praxisforschung wie die Selbstevaluation punktuelle Beiträge zur Theoriebildung geben kann. Dies sollten wir als PraktikerInnen nicht aus dem Auge verlieren, und meine zweite These lautet daher: Selbstevaluation kann (zwar nur kleine, aber punktuell oftmals ergiebige) Beiträge zur Theoriebildung aus der Praxis Sozialer Arbeit heraus leisten. Sie trägt somit zur Entwicklung einer eigenen, ganz spezifischen wissenschaftlichen Identität der Sozialen Arbeit bei – zu einer Identität, die versucht, praktische Qualitätsfragen in den theoretischen Diskurs zu integrieren.

1.3 Die fachlich-methodische Herausforderung

Soziale Arbeit ist auf der Suche nach einer neuen Professionalität. Den Anstoß für diese Notwendigkeit geben allerdings nicht nur die bereits erwähnten Herausforderungen, also die ökonomische Frage nach der Wirtschaftlichkeit Sozialer Arbeit und die wissenschaftliche Frage nach der Substanz einer eigenständigen Disziplin. Professionelles Handeln in der Sozialen Arbeit muss sich immer auch mit den gesellschaftlichen Entwicklungen insgesamt auseinander setzen: Vor allem die zunehmende Individualisierung der Lebenswelten und die gleichzeitig Pluralisierung in Bezug auf deren Vielfältigkeit und Komplexität stellt in einer immer stärker auf Globalisierung angelegten Gesellschaft eine zentrale Herausforderung für Soziale Arbeit dar: Die Betonung des Privaten, der gesellschaftliche Wert einer auf Autonomie beruhenden Individualität einerseits, abnehmende soziale Integration und die Folgen einer Überforderung der Menschen gerade durch die steigende individuelle soziale und biografische Verantwortung andererseits – dies alles erfordert ein ständig neues Nachdenken über die Aufgaben des Sozialen: Das Verständnis vom beruflichen Handeln in der Sozialen Arbeit muss permanent ergänzt und weiterentwickelt werden. Immer häufiger ist in diesem Zusammenhang von der Notwendigkeit einer „integrativen Professionalität" die Rede (vgl. dazu vor allem Puch, 1997², S. 13). *Einerseits* kommt es weiterhin – und wohl sogar verstärkt – auf die subjekt- und lebensweltorientierte Perspektive an, also auf die Fähigkeit, verstehend und kommunizierend, ethisch begründet und engagiert Menschen bei der Lösung sozialer Probleme zu unterstützen und ihre künftige Selbstständigkeit zu fördern. *Andererseits* aber müssen in zunehmendem Maße auch „strategisch-politische und ökonomisch-instrumentelle Handlungskompetenzen zum Einsatz kommen", mit deren Hilfe die individuellen Ansprüche der Betroffenen gegenüber sozialpolitischen und ökonomischen Beeinträchtigungen geltend gemacht werden können. Und es geht um die Existenz des Systems Sozialer Arbeit insgesamt, das gegenüber politischer und ökonomischer Infragestellung verteidigt werden muss. Dazu ist berufliche Handlungskompetenz in vielerlei Hinsicht gefragt: *Politisches* Denken und Handeln, *ökonomische* Strategien und Kompetenzen, *Managementtechniken* in sozialen Organisationen, um nur einige wichtige Bereiche zu nennen. Diese Orientierung an Sozialpolitik auf der Ebene großer sozialer Systeme und Organisationen bedeutet aber auch, dass eine neue, bisher wenig beachtete Art zu denken und zu handeln gefordert ist: Ein systematischerer Blick auf das Geschehen in der Praxis und der Versuch, stärker an der Objektivierung von Tatsachen und Aussagen darüber zu arbeiten.

Damit kommt ein zweites Mal die *empirische Perspektive* in den Blick: Handlungsorientierte Praxisforschung als ein methodisch kontrollierter Zugang zur Praxis– diesmal jedoch nicht mit dem Ziel der Theorieentwicklung. Jetzt geht es eher darum, sozusagen von der anderen Seite her, das methodische Handeln der Fachkräfte durch eine besonders systematische Variante zu ergänzen. Sie könnte, so die Vermutung, dazu befähigen, strategischen, politischen und ökonomischen Argumentationen besser standzuhalten.

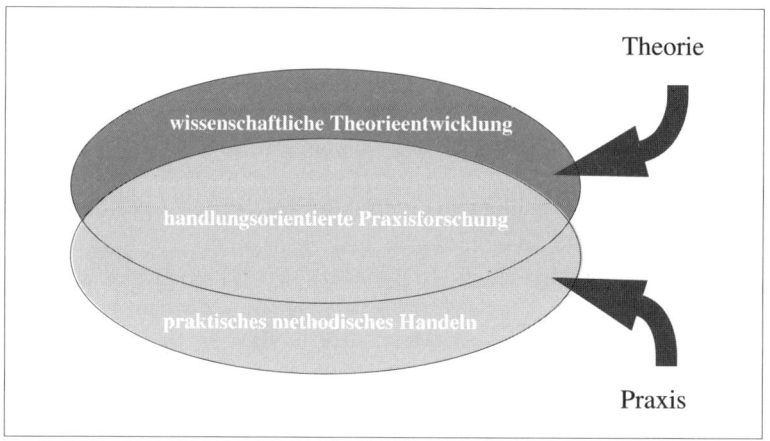

So ist die Praxis Sozialer Arbeit vor diesem Hintergrund sinnvoller Weise auf der Suche nach der besten Möglichkeit, systematisch und methodisch kontrolliert, also forschend Wissen über ihre eigenen Handlungszusammenhänge zu erarbeiten. Wie sieht also gute Praxisforschung in der Sozialen Arbeit aus? Kann sie überhaupt in das berufliche Handeln integriert werden? Soll sie überhaupt integriert werden und wenn ja, wie geht das?

Das scheinen die „Gretchenfragen" zu sein, denn Forschung ist ja grundsätzlich im wissenschaftlichen Sinne als Versuch zu sehen, Wissen *über die Praxis* herzustellen. Dies scheint ja gerade der entscheidende Unterschied zur „bloßen" Praxisreflexion zu sein. Die Frage lässt sich zuspitzen auf die Entscheidung, wie unabhängig voneinander Praxis und Forschung in der und für die Soziale Arbeit betrieben werden sollen. An diesem Punkt gibt es große Kontroversen und in der Praxis in der Regel fließende Übergänge. Bei Moser (1995 & 1997) sind idealtypisch drei Modelle beschrieben, die das gesamte Spektrum der unterschiedlichen Formen von Praxisforschung beschreiben:

- *Praxisuntersuchungen*, die insgesamt zur Theorieentwicklung beitragen wollen oder die Abklärung und Erforschung von Fragestellungen zum Ziel haben und dabei schon formulierte Hypothesen überprüfen.

- *Evaluationsforschungen*, die dagegen direkt auf ein bestimmtes Arbeitsfeld bezogen sind und dort stattfindendes Handeln, z.B. die Wirksamkeit einer neuen Konzeption überprüfen wollen.

- *Aktionsforschung*, bei der WissenschaftlerInnen und PraktikerInnen gemeinsam versuchen, ein Projekt zu initiieren. Handeln und Forschen sind dabei ganz eng miteinander und mit dem ‚parteilichen' Ziel verbunden, alle Ergebnisse in Form von Verbesserungen und Weiterentwicklungen der Praxis direkt umzusetzen. (vgl. Moser, 1997, S. 14f)

Ganz entscheidend für die Wahl des empirischen Zugangs ist natürlich auch der Ort des Geschehens. Findet Forschung an Hochschulen oder Instituten statt, so überwiegen zwar die Vorteile einer guten Infrastruktur. Dagegen ist die Distanz zur konkreten Praxis oft groß. In den Einrichtungen der Sozialen Arbeit dagegen kann „vor Ort geforscht" werden. Hier besteht die Gefahr allerdings in einer zu stark pragmatischen und von internen Hierarchien abhängigen Vorgehensweise, die oft zu methodisch fragwürdigen Ergebnissen führt.

Wenn wir nun davon ausgehen, dass eine handlungsorientierte Praxisforschung in der Lage ist, zur sinnvollen Ergänzung des methodischen Handelns beizutragen, so wird – dies ist meine dritte These – Selbstevaluation auch hier einen wichtigen Beitrag leisten können. Denn gerade die „Personalunion" zwischen PraktikerInnen und ForscherInnen und die Tatsache, dass Selbstevaluation vor Ort, in Einrichtungen mit einem starken Lebensweltbezug stattfindet, lässt sie als – zumindest auf den ersten Blick – geeignete Ergänzung zum Methodenrepertoire des beruflichen Handelns in der Sozialen Arbeit erscheinen. Wie mit den angedeuteten Problemen und Widersprüchen umgegangen werden könnte, bleibt zu zeigen. Auf jeden Fall wird die Qualität Sozialer Arbeit durch systematische Beschreibung und Bewertung transparenter und objektivierbarer gemacht. Dies wiederum ist eine geeignete Grundlage für die Durchsetzung der individuellen Interessen von KlientInnen und für die Wahrung der Interessen Sozialer Arbeit als gesellschaftliches Teilsystem insgesamt.

Wir fassen zusammen: Soziale Arbeit sieht sich drei Herausforderungen gegenübergestellt, einer gesellschaftlich-politischen, einer wissenschaftlich-theoretischen und einer fachlich-methodischen. Wir gehen davon aus, dass die Auseinandersetzung mit Qualitätsfragen eine wichtige unter möglicherweise vielen Antworten auf diese Herausforderungen ist. Selbstevaluation – so bleibt nun zu zeigen – ist eine lohnende Art und Weise angesichts der genannten Herausforderungen mit Qualitätsfragen in der Praxis Sozialer Arbeit umzugehen.

2. Bestimmungsversuche

Wenn wir nun annehmen, dass sich Soziale Arbeit – wie beschrieben – einer dreifachen Herausforderung zu stellen hat, d.h. wenn wir

- mitbestimmen wollen, welche gesellschaftliche Rolle die Soziale Arbeit in Zukunft zwischen Ökonomie und Sozialpolitik spielen könnte,

- zur Schärfung des fachlichen Profils der Profession und zur Etablierung des wissenschaftlichen Profils der Disziplin Soziale Arbeit beitragen wollen,

- eingesehen haben, dass in der Erweiterung des methodischen Handlungsrepertoires im Bereich der Praxisforschung gerade für die Soziale Arbeit enorme Zugewinne an Erkenntnis und Wissen stecken könnten,

dann müssen wir uns der Diskussion um den Begriff ‚Qualität‘ stellen. Diese Diskussion versucht zurzeit begriffliche Klarheit herzustellen, hat aber in den letzten Jahren eigentlich mehr zur Verwirrung und Verunsicherung als zur Erhellung und Versicherung der Fachkräfte beigetragen. Ziel des zweiten Kapitels ist daher eine *Positionsbestimmung*, die es uns ermöglicht, von einem klaren und eindeutigen Standpunkt aus deutlich zu machen, warum gerade Selbstevaluation eine wichtige Strategie im Bemühen um die Qualität Sozialer Arbeit angesichts der genannten Herausforderungen ist. Die bisherige Argumentation und die Logik des weiteren Vorgehens sind in der folgenden Abbildung noch einmal zusammengefasst.

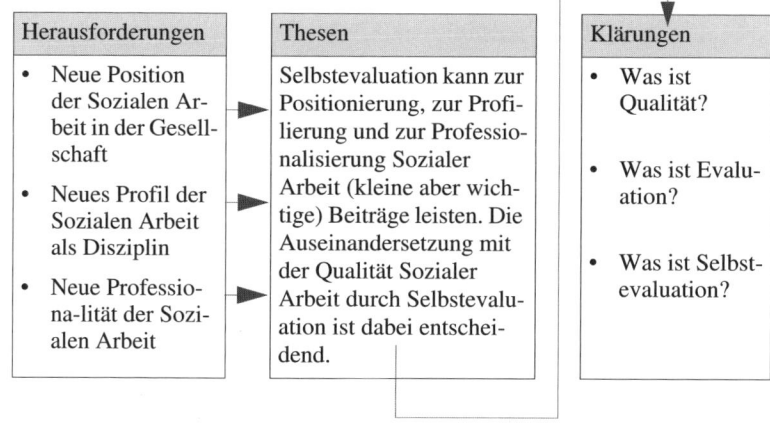

Herausforderungen	Thesen	Klärungen
• Neue Position der Sozialen Arbeit in der Gesellschaft • Neues Profil der Sozialen Arbeit als Disziplin • Neue Professionalität der Sozialen Arbeit	Selbstevaluation kann zur Positionierung, zur Profilierung und zur Professionalisierung Sozialer Arbeit (kleine aber wichtige) Beiträge leisten. Die Auseinandersetzung mit der Qualität Sozialer Arbeit durch Selbstevaluation ist dabei entscheidend.	• Was ist Qualität? • Was ist Evaluation? • Was ist Selbstevaluation?

2.1 Qualitätsdebatte und Evaluation

Über Qualität wird auf dem so genannten Sozialmarkt derzeit viel diskutiert. Daher sei die Frage gestattet: Was bringt uns der Begriff „Qualität" – außer den Verdacht, dass es sich doch nur um den alten Wein handelt, der eben jetzt aus neuen Schläuchen sprudelt und im übrigen in einer völlig neuen Begrifflichkeit. Manche beherrschen sie inzwischen auf fast lyrische Weise, vielen ist sie fremd, einige sind mit ihr schlicht überfordert, und sie treibt inzwischen Blüten, der Satire nahe. Zwischen teils bekannten, teils täglich neuen Kürzeln wie OE, QM, QS, TQM, TVM, QCP, UQM und KVP rankt eine Begriffswelt, die inzwischen sogar der neuen Version eines alten Märchens zu einer aktuellen, sehr zweifelhaften Popularität verholfen hat:

„Die Story (Schernus, 1997, S. 21): beginnt focussierend auf der Interaktion zweier Elemente eines familiären Subsystems: Mutter und Tochter.

MUTTER: Rotkäppchen, zu unserem familiären network gehört grandma. Ihre Produktionskraft ist zwar erlahmt, ihre Kaufkraft jedoch intakt. Sie kann Dienstleistungen zielorientiert in Anspruch nehmen und entsprechend vergüten. So trägt sie zur Stabilität unseres Gesamtsystems bei. Allerdings erzwingt ihr psychophysischer Gesamtzustand einigen Aufwand in den Betreuungsleistungen. Ein Fall von case-management. Nimm's in deine Hand. Bring ihr ein paar adressatengerechte Produkte.

ROTKÄPPCHEN: Ziemlich top down gemanagt, Mum. Hast du in deinem Qualitätszirkel nicht gelernt, dass ein produktives Arbeitsklima einen dialogischen Führungsstil erfordert? Menschenbild überprüfen, Ma'am, don't forget it!

MUTTER (etwas affektiv dereguliert): Damned kid! Grandma trägt effektiv zur Standardverbesserung deines outlooks bei. dein roter Hut hätte unsere Kaufkraft total überfordert.

ROTKÄPPCHEN: Nicht gerade trendy, das Rot! Na denn, im Sinne von total business partnership übernehme ich die Prozessverantwortung für diesen kundenorientierten Service. Wie sieht dein Angebotsprofil eigentlich aus?

MUTTER: Cake und eine bottle „Jonny Walker".

Rotkäppchen: Da war wohl die Bedürfnisorientierung dein zentrales Gestaltungsprinzip. ISO 9001, wenn ich nicht irre.

MUTTER: Vor allem: Prozessqualität vor Ergebnisqualität. Deshalb beweg' dich. Besinn dich auf deine Innovationsfreundlichkeit, die grandma so liebt, mein Kind, und geh' das Projekt zielorientiert an. Und pass auf: ohne critical pathways und practice guidelines kann der Weg zu enormen Fallverlusten führen.

ROTKÄPPCHEN: O.k., Ma'am. Let us die Qualitätsdiskussion finishen. Das Procedere ist genannt, die Ergebnisrelevanz erkannt. Allerdings finde ich, dass grandma fehlplatziert ist. Mitten im Wald, das ist doch gegen jedes Normalisierungsprinzip.

MUTTER: Vergiss nicht die modulbegleitende Kommunikation und sag' grand-ma „Guten Tag". Nur so kannst du die zufriedene Ausgeglichenheit bei ihr erzeugen, die gleichzeitig eine Weiterentwicklungsoption enthält. Weich in keinem Fall vom Projektstrukturplan ab, indem du modulüberschreitende Interessen zeigst.

ROTKÄPPCHEN: Relax, Ma'am. Bin voll am Wert-Kosten-Quotienten orientiert.

So ging Rotkäppchen in die komplexe Natur (Wald) hinaus."

Eigentlich ist einem bei der Lektüre solcher Texte nicht zum Lachen zu Mute. Unter den Fach- und Leitungskräften macht sich Unsicherheit breit, denn es geht im Zusammenhang mit der Frage nach Qualität inzwischen nicht selten um Existenzfragen für soziale Einrichtungen. Der Nachweis von Qualität ist inzwischen durch eine Vielzahl gesetzlicher Regelungen (SGB V, SGB VIII, SGB IX, SGB XI und BSHG) zu einer Voraussetzung für die öffentliche Finanzierung von Dienstleistungen in der Sozialen Arbeit geworden. Während in den 80er Jahren noch überwiegend über den fachlichen Hintergrund von „guter Sozialarbeit" diskutiert wurde, haben sich inzwischen verstärkt betriebswirtschaftliche Argumente und Kriterien in die Beurteilung der Sozialen Arbeit eingeschlichen. Es ist nicht mehr ‚nur' von einem bedarfsgerechten Angebot und vom Einsatz kompetenter Fachkräfte im Zusammenhang mit sozialen Problemen die Rede. Immer häufiger und im Wesentlichen geht es um Effizienz, also um das Verhältnis zwischen den Ergebnissen Sozialer Arbeit und dem Aufwand, der dabei betrieben wird. Die Inputorientierung wurde durch die Outputorientierung ergänzt – und in vielen Fällen in problematischer Weise auch abgelöst (vgl. Puch, 1998, S. 102). Auch die Sprache, in der verhandelt wird, hat sich verändert. Es macht inzwischen nicht mehr nur die „alten Hasen der Sozialarbeit" stutzig und misstrauisch, wenn in der neuen Marktsprache über Dinge verhandelt wird, die – Originalzitat eines Kollegen – „wir alle sowieso schon immer nebenher mitgemacht haben, ohne dabei lange drüber zu reden." Wie dem auch sei, es gibt sie, diese neuen Begrifflichkeiten. Renate Schernus (1997) hat den Versuch unternommen, diese neue Marktsprache „zur Ökonomisierung des Sozialen" zu sichten und hat dabei vier Gruppen identifiziert, in denen sich diese „Worte des Qualitätsdiskurses" zusammenfassen lassen:

- *„Worte mit Maximalisierungstendenz;* wie z.B. flächendeckend, umfassend, total, effektiv, hocheffizient, exakt, ideal, potent; oder als Hauptworte: z.B.: Maximierung der Resultate, Ablaufoptimierung.

- *Worte mit Tendenz zur Linearität;* wie z.B. kontinuierlicher Verbesserungsprozess, Ablaufschritte, Schnittstellenregulierung, Betreuungsplanung, Outcome, Weiterentwicklungsoption, Sachzielorientierung, Leistungserstellungsprozess;

- *marktorientierte Worte*; wie z.b. Kaufkraft, Kunden, Nutzer, Ver-
  kaufsverhandlung, Konkurrenzfähigkeit, Wertschöpfungsprozess,
  arbeitsmarktrelevanter Schulabschluss, Konsumentensouveränität,
  Humankapi-tal, Pflegemarkt, kostentreibende Altersentwicklung.

- *Worte mit Atomisierungstendenz*; wie z.b. Modul, Baustein, Leis-
  tungspaket, Maßnahme."

Ein Verdacht drängt sich an dieser Stelle auf: Ist denn wirklich noch von
Qualität im eigentlichen Sinne die Rede, wenn es um Effizienz als ein
Verhältnis, um den letztlich zahlenmäßigen Abgleich zwischen Aufwand und Ertrag geht? Nicht umsonst unterscheidet unsere Sprache
zwischen Qualität und Quantität, zwischen dem, was wir mit Zahlen zu-
reichend erfassen können und dem, was in seinem Gehalt und seiner Bedeutung darüber hinausgeht. Das Verständnis, das wir im Alltag davon
haben, hilft uns hier vielleicht zu etwas mehr Klarheit. Heiner Keupp
(2000) hat diese Überlegungen sehr anschaulich formuliert:

> *„Was verstehen wir im Alltag unter Qualität?* (Herv. d. Verf.)
>
> Normalerweise verwenden wir den Begriff, um etwas als gelungen zu
> bezeichnen. Da hat jemand sein ganzes Können gezeigt; da ist eine
> gute Gestalt erkennbar; da ‚sprechen' unsere Sinne: etwas riecht oder
> schmeckt gut oder fühlt sich gut an; da spielen ästhetische Kategorien
> eine große Rolle. Haben wir nicht deshalb die zwei Begriffe von Qua-
> lität und Quantität, um damit etwas Unterschiedliches zum Ausdruck
> zu bringen? Handlungen und Dinge lassen sich als größer oder kleiner,
> als schneller oder langsamer, als leichter oder schwerer bestimmen,
> und solche Daten brauchen wir z.B. um eine Leistung zu messen. In
> der Leichtathletik brauchen wir solche Maßstäbe, um Weltrekorde
> bestimmen zu können.
>
> Aber geht selbst in der Leichtathletik die Qualität eines events in der
> gemessenen Leistung auf? Und wie ist es im Fußball? Natürlich ist im
> Sinne unseres ehemaligen Kanzlers entscheidend, ‚was hinten raus
> kommt', aber die Qualität eines Fußballspiels ist damit höchst unzu-
> reichend ausgedrückt. Im Eiskunstlauf, im Dressurreiten geht das
> schon gar nicht oder im Boxen. War Muhamed Ali deshalb der Größte,
> weil er die meisten Kämpfe siegreich bestanden, die meisten durch
> k.o. beendet hat? Hat er ja gar nicht. Der Größte war er für mich als
> Gesamtkunstwerk. Er hatte einen unnachahmlichen Stil, eine Ästhetik
> des Boxens entwickelt. Darüber hinaus war er politisch engagiert. Und
> er ist trotz seiner schweren Krankheit eine beeindruckende Persön-

lichkeit des öffentlichen Lebens. Wer hätte es für möglich gehalten, daß aus dem ‚Großmaul‘ eine moralische Instanz werden würde. Viele waren tief gerührt, als er bei der Eröffnungsfeier der Olympischen Spiele in Atlanta die Fackel mit dem olympischen Feuer übernahm. Das spezifische Gefüge sportlicher, persönlichkeitsprägender, politischer und moralischer Aspekte macht seine Qualität aus. Qualität hat also sehr viel mit Geschmack, mit Wertentscheidungen auf dem Hintergrund spezifischer Welt- und Menschenbilder zu tun" (Keupp, 2000, S. 7).

Ist denn nicht, so ließe sich dazu fragen, an einem Verständnis von *Qualität*, das von Effizienz als Kriterium ausgeht, das meiste eigentlich schon (oder besser gesagt „nur noch") *Quantität*? Wo ist denn überhaupt von Qualitäten im eigentlichen Sinne die Rede, wenn der Blick reduziert wird auf das Verhältnis von Aufwand und Ertrag?

Die Deutsche Gesellschaft für Qualität – die Tatsache ihrer bloßen Existenz unterstreicht die enorme Bedeutung des Begriffs – definiert Qualität als „die Gesamtheit von Eigenschaften und Merkmalen eines Produkts oder einer Tätigkeit, die sich auf die Eignung zur Erfüllung gegebener Erfordernisse bezieht" (DIN 55350, Teil 11). Das leuchtet ein. Allerdings die Frage bleibt offen, welche Erfordernisse denn ‚gegeben‘ sind und wer dies definiert. Qualität ist also nie etwas objektiv Feststehendes, sondern eine „relationale Größe" (Puch, 1998, S. 105) und damit letztlich nichts anderes als eine subjektiv unterschiedlich wahrgenommene Eigenschaft. Wer definiert also? Zurecht unterscheiden etwa Brunner u.a. (1998, S. 59) zwischen produktorientierten, herstellungsorientierten und kundenorientierten Qualitätsbegriffen. Entscheiden also – so wird hier gefragt – diejenigen über die Erfordernisse, die die Produkte oder Dienstleistungen selbst definieren, oder tun dies diejenigen, die für ihre Herstellung oder Erbringung zuständig sind, oder haben letztlich immer diejenigen die „Definitionsmacht", denen das, was produziert oder getan wird, als Kunden zu Gute kommen soll?

Für die Soziale Arbeit hat bereits eine solche einfache Unterscheidung weit reichende Bedeutung: Die Beschreibung eines guten, also qualitativ hochwertigen Beratungsgesprächs wird mit großer Wahrscheinlichkeit sehr unterschiedlich ausfallen, je nach dem, ob sie

• von der Seite der Gesetzgeber und Kostenträger,

- von den Fachkräften in einer Beratungsstelle mit jahrelanger Berufserfahrung oder

- von den Mitgliedern der Familie, die beraten werden soll,

stammen. Und natürlich ist die Angelegenheit noch viel komplizierter. Denn auch innerhalb dieser drei Gruppen mit Definitionsmacht würde es mit großer Wahrscheinlichkeit zu Meinungsverschiedenheiten und unterschiedlichen Standpunkten kommen, wenn es wirklich darauf ankäme, objektiv zu definieren, wie eine gute Beratung denn nun aussähe. Denn wie wir alle wissen, werden

- gesetzliche Vorgaben, etwa das KJHG für die Erziehungsberatung, von verschiedenen Kostenträgern sehr unterschiedlich interpretiert,

- innerhalb von Einrichtungen immer wieder heftige konzeptionelle Debatten unter den KollegInnen geführt, wie denn im Einzelfall gute Beratung zu verlaufen hat,

- vor allem und gerade die verschiedenen Familienmitglieder ganz verschiedene Meinungen zu der Frage haben, wie denn dem Wohle des Kindes am ehesten gedient sei.

Ich will die Diskussion deshalb an dieser Stelle mit zwei Thesen zum Qualitätsbegriff zusammenfassen und weiterführen:

(1) *Qualität ist zunächst immer eine subjektive Größe.* Sie drückt individuelle Wertvorstellungen von beteiligten und betroffenen Personen oder Organisationen aus. D.h. es geht um Bedeutungen und Bewertungen, die mit einem Produkt, einem Sachverhalt oder einer Tätigkeit verbunden werden.

(2) *Qualität ist meistens objektivierbar.* Sie kann – unter bestimmten Bedingungen – unabhängig von einzelnen subjektiven Auffassungen, was gut ist und Wert hat, formuliert werden.

Dabei sind zwei verschiedene Arten von Maßnahmen zur „Verobjektivierung" solcher individuellen subjektiven Qualitätsvorstellungen denkbar: Zum einen kann dies durch die *Verallgemeinerung individueller Vorstellungen* (Induktion) geschehen. Hier wird darauf geschaut, wie sich in größeren Gruppen von NutzerInnen oder BeurteilerInnen Sozialer Arbeit Qualitätsvorstellungen manifestieren. Ein klassisches Beispiel für solche Ansätze sind die inzwischen berühmt-berüchtigten Zufriedenheitsanalysen in vielen Feldern der Praxis Sozialer Arbeit.

Zum anderen entstehen allgemein gültigere Vorstellungen von der Qualität Sozialer Arbeit durch *Aushandlungsprozesse* zwischen den Betroffenen und Beteiligten. Solche oftmals konfliktträchtige Diskussionen und Dialoge haben den Ausgleich von Interessen zum Ziel und nicht selten mit der Frage nach der Verteilung der Definitionsmacht in Organisationen oder noch größeren sozialpolitischen Zusammenhängen zu tun. Klassische Beispiele sind Prozesse der Leitbildentwicklung, wie sie in vielen Einrichtungen zurzeit vorangetrieben werden oder schon abgeschlossen sind. Letzten Endes ist bei dieser Art der Formulierung objektiver Qualitätsvorstellungen immer der Verlauf der Diskussion und die Art des Ausgleichs von Interessen ausschlaggebend dafür, wie tragfähig und Gewinn bringend die Ergebnisse für die Weiterentwicklung der Praxis sind.

Die Eröffnung neuer, bisher für die Soziale Arbeit möglicherweise ungewohnter und gelegentlich sogar befremdlich anmutender Dialoge scheint also der zentrale Punkt zu sein, an dem Auseinandersetzungen entstehen oder kulminieren, Missverständnisse sich zuspitzen, gleichzeitig aber Entwicklungen denkbar werden. Welches sind aber die Maßstäbe, die zur Beurteilung jeweils aus verschiedenen Blickwinkeln angelegt werden? Mindestens drei solcher Maßstäbe tauchen dabei immer wieder auf – und unterscheiden sich beträchtlich – mit enormen Konsequenzen!

Maßstab 1: Erfolg. Ein sehr ungenauer und unverbindlicher Maßstab, aber ein weit verbreiteter. Wir haben irgendetwas getan oder erreicht und bezeichnen dies im Nachhinein als gut – als Erfolg eben – das ist Qualität. Nicht nur in der Politik, wenn wir an die verschiedenen Interpretationen von Wahlerfolgen denken, sondern auch in der Sozialen Arbeit ein immer noch leider weit verbreiteter Maßstab für Qualität. Und gerade das hat uns in der Vergangenheit diesen Geschmack der Beliebigkeit eingebracht.

Maßstab 2: Effektivität. Ein genauerer und verbindlicherer Maßstab, der sich auf die fachliche Bewertung bezieht. Qualität ist, wenn wir die vorher genau definierten Ziele unter Einbezug der Umstände möglichst gut erreicht haben. Dies ist der klassische Maßstab für das berufliche Handeln in der Sozialen Arbeit.

Maßstab 3: Effizienz. Ein genauso so verbindlicher Maßstab, der allerdings eine größere Reichweite besitzt. Ein Maßstab, der nämlich die ökonomische Perspektive mit in die Beurteilung von Qualität auf-nimmt. Qualität ist, wenn wir mit einem möglichst geringen Aufwand möglichst viele unserer vorher formulierten Ziele erreicht haben. Dies kommt in der klassischen betriebswirtschaftlichen Perspektive in vielen großen sozialen Organisationen heute schon deutlich zum Ausdruck.

Genau aus diesem Grund macht die Debatte um die Qualität Sozialer Arbeit, wie sie in den letzten Jahren, mindestens zwischen den beiden Lagern der ‚alten Fachlichkeit' und der ‚neuen Wirtschaftlichkeit' ent-brannt ist, auch Sinn. Eine richtig verstandene *neue Fachlichkeit* kommt eben nicht mehr daran vorbei, betriebswirtschaftliches Denken und Handeln in ihr Alltagsgeschäft zu integrieren. Sie muss aber gleichzeitig darauf achten, dass dem Kriterium der Effizienz die Grundsätze eines sinnvollen, methodisch geplanten Handelns nicht geopfert werden. Wir sollten uns darauf einlassen, unsere Praxis Sozialer Arbeit beiden An-forderungen zu stellen – und zwar gleichzeitig. Eine Synthese ist mög-lich, wenn wir *selbstbewusst* in der Formulierung unserer Fachlichkeit aus der Sicht der Sozialen Arbeit und zielbewusst auf der Suche nach der Optimierung von Wirtschaftlichkeit aus der Sicht der Ökonomie nach Wegen suchen, beiden Seiten in unserer Praxis zu ihrem Recht zu verhelfen.

Welche Rolle spielt nun aber Evaluation in dem Bemühen um die Qua-lität Sozialer Arbeit? Als Einstieg in die Klärung dieser Frage werde ich zunächst die zentralen Begriffe der Qualitätsdebatte definierend mit dem Evaluationsbegriff in Beziehung setzen: Wenn wir davon ausge-hen, dass mit dem *Management in Sozialen Organisationen* allgemein alle Bemühungen gemeint sind, die versuchen, eine Einrichtung (etwa im Sinne einer „lernenden Organisation") an den ständigen gesellschaft-lichen Wandel, an neue strukturelle und individuelle Erfordernisse an-zupassen, so könnte das *Qualitätsmanagement* einer Organisation als der Versuch verstanden werden, die Strukturen, Ablaufprozesse, Tätig-keiten und erbrachten Dienstleistungen im Hinblick auf ihre jeweilige Qualität zu optimieren, also etwas zu ihrer Absicherung und Weiterent-wicklung beizutragen.

Qualitätssicherung ist dabei ein wichtiges untergeordnetes Instrumen-tarium. Sie kann als dasjenige Bündel an Maßnahmen definiert werden, mit dem versucht wird, Qualität greifbar, damit vergleichbar, d.h. letzt-lich auch im Hinblick auf Veränderungen messbar zu machen. Es handelt sich also um Maßnahmen, die den Versuch unternehmen, Qualität abzusichern, indem sie das *quantifizieren*, was die Organisation in ihrem Wert und ihrer Bedeutung *qualifiziert*. Es handelt sich um den Versuch der ‚Verobjektivierung' von zunächst subjektiven Vorstellungen von Qualität, von denen gerade die Rede war.

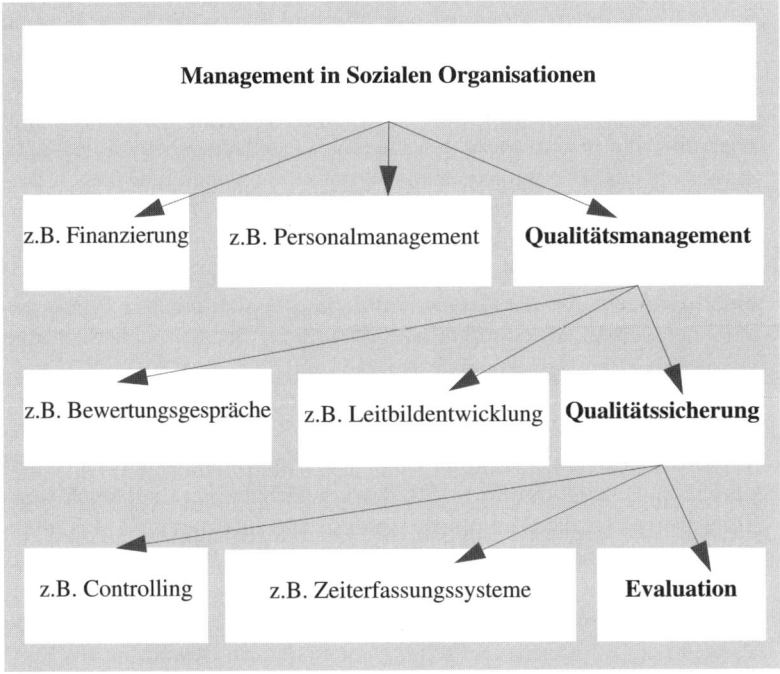

Evaluation als eine der zentralen und am weitesten verbreiteten Qualitätssicherungsmaßnahmen ist dann der Versuch der Bewertung von Tätigkeiten, Programmen und Maßnahmen. Diesen Begriff nun Schritt für Schritt näher zu bestimmen und auf den Gedanken der Selbstevaluation hin zu schärfen – darum soll es im folgenden Kapitel gehen.

2.2 Evaluation und ihre verschiedenen Ausprägungen

Evaluation und Evaluationsforschung (wie sie in ihrer aufwändigeren Variante genannt wird) gibt es in nahezu allen wissenschaftlichen Disziplinen und damit auch in fast allen Professionen, die in der Tradition einer wissenschaftlichen Disziplin stehen. Daraus folgen eine tief gehende Ausdifferenzierung und eine Vielzahl unterschiedlicher Formen und Begriffsbestimmungen. Böse Zungen sagen, es gäbe inzwischen genau so viele Definitionen des Begriffs Evaluation wie es EvaluatorInnen gibt. Denn Evaluation ist keine eigenständige wissenschaftliche Disziplin, hat also auch keinen eigenen Gegenstandsbereich, sondern sie besteht aus der pragmatischen, auf ganz unterschiedliche Gegenstände ausgerichteten Anwendung wissenschaftlicher Forschungsmethoden. Sie wird also sozusagen ‚quer' zu ihnen, auf jeweils ganz unterschiedliche Art und Weise eingesetzt. Deshalb kann Evaluation auch als eine besondere Art der *wissenschaftlichen Begleitung* von Praxis bezeichnet werden, als eine Begleitung nämlich, die sich – wie ihr Name schon sagt – mit Bewertungsfragen befasst.

Für den sozialwissenschaftlichen Bereich ist Evaluation also nichts anderes als eine in den Feldern der Sozialen Arbeit und in der Sozialen Wirklichkeit angewandte empirische Sozialforschung. Rossi u.a. (1988) definieren Evaluation für die Sozialwissenschaften deshalb auch sinnvollerweise als „die Sammlung, Analyse und Interpretation von Informationen über den Bedarf, die Umsetzung und Wirkung von Maßnahmen, welche die Lebensbedingungen und das soziale Umfeld der Menschen verbessern sollen." Dabei „beinhaltet sie die systematische Anwendung empirischer Forschungsmethoden zur Bewertung des Konzepts, des Untersuchungsplans, der Implementierung und der Wirksamkeit sozialer Interventionsprogramme" (Rossi, Freeman & Hofmann, 1988, S. 1f). Auch hier steckt wieder – wir erinnern uns – im Postulat der „Verbesserung von Lebensbedingungen" eine implizite, subjektive Wertentscheidung darüber, was als gute bzw. schlechte Lebensbedingung angenommen wird.

Wir haben es bei der Evaluation also mit insgesamt drei Aufgaben zu tun, nämlich

- mit der *Sammlung* von Informationen über Voraussetzungen, Umsetzung und Wirkung von Maßnahmen,

- mit der *Analyse* dieser gesammelten Informationen und

- mit der *Interpretation* der gewonnenen Ergebnisse, also mit den aufgrund bestimmter Wertentscheidungen daraus zu ziehenden Konsequenzen.

Noch konkreter auf das Alltagsgeschäft der Sozialen Arbeit bezogen, können wir daher sagen, dass es der Evaluation darum geht, eine bestimmte Maßnahme dahingehend zu untersuchen, ob und mit welchem Aufwand sie ihre Ziele erreicht (bzw. nicht und warum nicht erreicht) und welche Wirkungen sie insgesamt auf die betreffende Praxis hat.

Dabei lassen sich für die Soziale Arbeit ganz verschiedene Formen und Ansätze zur Evaluation ihrer Praxis mit je verschiedenen Zielrichtungen erkennen und unterscheiden. Wir werden an konkreten Beispielen im zweiten Teil des Buches immer wieder auf diese Unterscheidungen zurückkommen und dann auch feststellen, welche Konsequenzen die Entscheidung für die jeweils eine oder andere Form der Evaluation hat.

Insgesamt hat nämlich die Intensität der Diskussion auf der fachlichen, der theoretischen und vor allem auch auf der betriebswirtschaftlichen Ebene deutlich gemacht, dass es sinnvoll ist, für die vielseitigen und komplexen Arbeitsfelder und Problemstellungen der Sozialen Arbeit je eigene, spezifische Evaluationsansätze aus der jeweiligen Praxis heraus zu entwickeln. Versucht man sich einen Überblick über die Vielfalt der inzwischen entstandenen Evaluationsansätze zu verschaffen, so wird eine enorme Variationsbreite deutlich, vor allem im Hinblick auf die methodische Komplexität der Ansätze, die Breite der Gegenstände und der Fragestellungen der Evaluation, die Art und die Herkunft der Kriterien, die den jeweiligen Bewertungsprozessen zugrundeliegen, und die Ziele, die die jeweiligen Fachkräfte mit ihren Evaluationsvorhaben verfolgen.

Eine sehr grundsätzliche Unterscheidung stammt von Romano Grohmann (1997), der bei seinem „Drei-Ebenen-Modell" der Evaluation sozialpädagogischer Praxis zunächst nach dem Blickwinkel, nach der Perspektive fragt, aus der heraus Soziale Arbeit bewertet werden soll:

- *Evaluation im Hinblick auf das alltägliche Handeln* hat die prozesshafte Interaktion mit AdressatInnen im Blick. Es geht ihr um die Bewertung sozialpädagogischer Intervention, z.B. in Bezug auf ihre Wirkung bei sozialen Konflikten und individuellen Notlagen. Maßstab für die Bewertung ist hier die Frage, inwieweit sich das konkrete methodische Handeln der Fachkräfte als sinnvoll und positiv einschätzen lässt.

• *Evaluation im Hinblick auf die Institution* kümmert sich in einer allgemeineren Weise um sozialpädagogisches Handeln als einen Beitrag zur Erfüllung von Zielsetzungen und Funktionen von sozialen Organisationen. Hier geht es um die generelle Einschätzung, inwieweit das Handeln in einer Einrichtung insgesamt zur Erreichung gesteckter Ziele führt. Der Blick auf die konkrete Intervention tritt zu Gunsten der Gesamtperspektive ‚Umsetzung von Konzepten' in den Hintergrund.

• *Evaluation aus der Sicht der gesellschaftlichen Funktion Sozialer Arbeit* lenkt in einem weiteren Schritt der Verallgemeinerung den Blick schließlich auf die Gesamtheit der institutionellen Praxis als „Produktionsinstanz öffentlicher Wohlfahrt" und als Bearbeitungsressource sozialer Problemlagen im Zusammenhang mit den gesellschaftlichen Bedingungen. Hier steht die Frage im Vordergrund, inwieweit durch die Praxis Sozialer Arbeit in einer Gesellschaft insgesamt positive Entwicklungen feststellbar sind. Auf dieser Ebene sind es schließlich die (sozial)politischen und ethischen Kriterien, die zur Bewertung herangezogen werden. (Vgl. dazu ausführlicher Grohmann, 1997, S. 222f.)

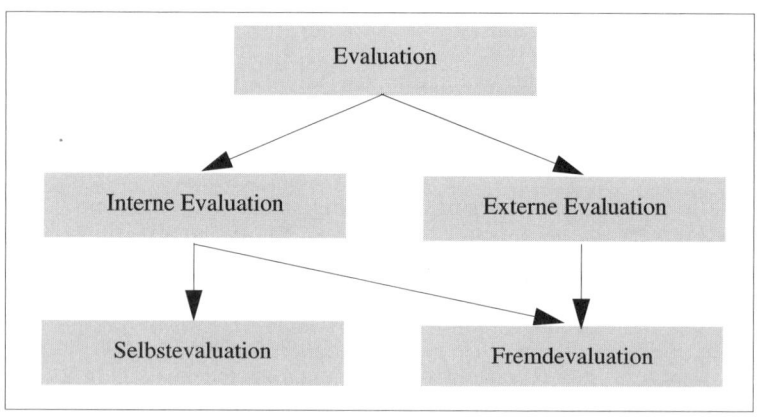

Vor dem Hintergrund dieser grundsätzlichen Unterscheidung wollen wir uns nun einen Überblick über die verschiedenen Evaluationsarten verschaffen. Generell werden solche Vorhaben im Hinblick auf die Herkunft der bewertenden Akteure unterschieden: Einerseits ‚*externe* Evaluation' als Bewertung von außen (außerhalb der Organisation), andererseits ‚*interne* Evaluation', mit der eine Einrichtung selbst versucht, sich insgesamt oder in Teilbereichen einer Bewertung zu unterziehen. Interne Evaluation lässt sich darüber hinaus im Hinblick auf den zu bewertenden Gegenstand unterscheiden: Handelt es sich um die eigene alltägliche berufliche Arbeit der Evaluatoren, so ist von ‚*Selbst*evaluation' die Rede. Wird hingegen das berufliche Handeln anderer Fachkräfte untersucht, so kann dies als ‚Fremdevaluation' bezeichnet werden. Externe Evaluation ist dieser Logik zufolge also immer Fremdevaluation. Interne Evaluation jedoch kann zum einen als Selbstevaluation vorgenommen werden. Die Steuerung der Bewertung und die Verantwortung für den zu bewertenden Gegenstand liegen dann in einer Hand. Und interne Evaluation kann als Fremdevaluation praktiziert werden, Steuerung und Verantwortung für den Gegenstand sind dann getrennt.

Ein zentraler Punkt wird deutlich, auf den wir im weiteren Verlauf immer wieder stoßen werden. Der Charakter und die Perspektiven von Evaluation können ganz unterschiedlich sein, je nachdem wie groß der ‚Abstand' zwischen Gegenstand der Bewertung und Ort der Steuerung seiner Bewertung gewählt wird. Ganz viele verschiedene ‚Designs' sind – wie wir noch sehen werden – denkbar auf einem Kontinuum zwischen den ‚Polen' externe Evaluation (maximaler Abstand) und Selbstevaluation (Abstand gleich null).

Die folgenden fünf Differenzierungen bauen auf dieser grundsätzlichen Unterscheidung auf und ergänzen dabei wichtige Einzelaspekte, auf die wir später im Rahmen der Methoden der Selbstevaluation zurückkommen werden:

- *Geschlossene vs. offene Evaluation:* Geschlossene Evaluationen legen alle Verfahrensfragen und Methoden gleich zu Beginn fest. Offene Verfahren dagegen legen Wert darauf, nur grobe Vorgaben zu machen und alle wichtigen Methoden- und Verfahrensfragen zusammen mit den Beteiligten und Betroffenen abzustimmen, u.a. um durch ständige methodische Angleichungen eine bessere Anpassung an die zu evaluierende Praxis zu ermöglichen.

- *Summative vs. formative Evaluation:* Summative Evaluation meint die zusammenfassende Bewertung der Ergebnisse von Maßnahmen. Formatives Vorgehen dagegen will Verläufe und Prozesse näher untersuchen und geht davon aus, dass bereits einzelne Zwischenergebnisse einer Evaluation auf die Praxis angewendet werden können und damit eine ständige, ‚formende‘ Weiterentwicklung der Praxis stattfinden kann.

- *Vergleichende vs. nicht vergleichende Evaluation:* Vergleichende Evaluationen gehen davon aus, dass eine untersuchte Maßnahme ihre Bewertung durch den direkten Vergleich mit einer anderen erfährt. Nicht vergleichende Evaluationen dagegen benötigen andere, ‚von außen‘ festgelegte Bewertungsmaßstäbe.

- *Input- vs. Outputevaluation:* Inputevaluationen interessieren sich für die Bewertung eingesetzter Ressourcen im Zusammenhang mit Maßnahmen, Outputevaluationen dagegen für deren Wirkungen auf Menschen oder deren soziales Umfeld.

- *Makro- vs. Mikroevaluation:* Makroevaluationen versuchen die Bewertung eines gesamten Programms oder einer umfassenden Maßnahme. Dagegen legt eine Mikroevaluation ihren Schwerpunkt immer auf einen bewusst ausgewählten Teilaspekt von Maßnahmen.

Auf der Grundlage dieser begrifflichen Unterscheidungen können wir uns nun daran machen, Selbstevaluationsvorhaben näher zu charakterisieren und damit von anderen Evaluationsverfahren abzugrenzen. Auf diese Weise können wir ihren Nutzen und ihren Wert für die Praxis genauer beschreiben.

2.3 Selbstevaluation: Theoretische Grundlagen, Merkmale, Nutzen

In den bisherigen Überlegungen ist bereits angeklungen, dass Selbstevaluation unter den verschiedenen Formen von Evaluation eine besondere Rolle einnimmt. Vor allem die folgenden Besonderheiten und Problematiken kommen dabei immer wieder zum Ausdruck und müssen bei der Planung eines Vorhabens unbedingt berücksichtigt werden:

- Die Initiative für die Entstehung eines Selbstevaluationsvorhabens entsteht meist ‚unten', also bei den Fachkräften vor Ort.

- Individuelle Werthaltung der Akteure spielen eine wichtige Rolle.

- Hohe Kompetenzerwartungen stehen oft im Missverhältnis zu real vorhandenem Knowhow.

- Rollenkonflikte zwischen den Akteuren sind eher wahrscheinlich.

- Die Frage nach der ‚Öffentlichkeit der Ergebnisse' ist oft brisant.

- Selbstevaluation bedeutet immer Zusatzbelastung.

- Festlegung des Evaluationsgegenstandes ist meistens ein kollegial-konsensualer Prozess.

- ExpertInnen von außen bilden eine zweite Ebene, die das Verfahren erleichtern, oft auch verkomplizieren kann.

Trotz dieser Besonderheiten ergibt sich zunächst eine einfache Definition für den Begriff Selbstevaluation als Grundlage für unser weiteres Vorgehen:
Selbstevaluation meint die Beschreibung und Bewertung von Ausschnitten des eigenen alltäglichen beruflichen Handelns und seiner Auswirkungen nach (selbst) bestimmten Kriterien.
Diese Definition enthält im Wesentlichen vier Gedanken:

- Selbstevaluation hat immer mit Beschreibung *und* mit Bewertung unseres Alltagsgeschäfts zu tun.

- Es ist notwendig, *Praxisausschnitte zu definieren*, die der Beschreibung und Bewertung unterzogen werden sollen. Die Gesamtheit des beruflichen Handelns ist in aller Regel viel zu komplex.

- Sowohl das berufliche Handeln *als auch seine Auswirkungen* (z.B. in Form von Reaktionen, Ereignissen oder Entwicklungen bei den KlientInnen) können Gegenstand der Beschreibung und Bewertung sein.

- Messlatte für die Bewertung des Beschriebenen sind immer *selbst formulierte* Kriterien, deren Herkunft offen gelegt und deren Bedeutung in eigener Verantwortung theoretisch und/oder fachlich begründet werden muss.

Diese vier Gedanken gilt es festzuhalten, weil wir bei den folgenden Charakterisierungsversuchen der theoretischen Grundlagen, der Merkmale und der möglichen Funktionen von Selbstevaluation immer wieder auf sie zurückkommen werden.

Vor allem, weil das Feld der AnwenderInnen so breit und die Palette möglicher Nutzen und Funktionen von Selbstevaluation so groß ist, existiert eine große Vielzahl theoretischer Wurzeln, die miteinander und jeweils auf ihre Art einen Beitrag zur besonderen Charakteristik der Selbstevaluation geleistet haben. Drei besonders wichtige Quellen, *die Qualitative Sozialforschung, die Systemtheorie und die Handlungsforschung*, möchte ich im Folgenden kurz darstellen, weil sich auf sie diejenigen Prinzipien zurückführen lassen, die die Eigenart von Selbstevaluation prägen und schließlich zu ihren zentralen Merkmalen führen. Da das Hauptinteresse dieses Buches aber nicht in der Erarbeitung theoretischer Grundlagen liegt, sondern in seinem praktischen Bezug, bleibt dieser Abschnitt kurz, gebündelt und auf das Wesentliche zugespitzt. Alle Interessierten finden in der zusammenfassenden Tabelle weiterführende und vertiefende Literatur.

Qualitative Sozialforschung

Qualitative Sozialforschung ist ein Teilgebiet der Empirischen Sozialforschung. Sie bemüht sich besonders um einen Blick auf die Qualitäten in der sozialen Wirklichkeit, also um Sachverhalte und Phänomene, die nicht (oder noch nicht) in Zahlen zu fassen und zu bewerten sind. Für uns sind dabei vor allem die Prinzipien der so genannten „heuristischen Sozialforschung" (Kleining, 1995) von Bedeutung. Gemeint ist damit die Aufforderung, sich das Entdecken als „forschende Grundhaltung" zu Eigen zu machen, also die dem Menschen eigene Neugier produktiv zu nutzen. Zwei Strategien hält Kleining (1995, S. 228) dabei für besonders wichtig:

(1) Die „Offenheit gegenüber dem Untersuchungsgegenstand", also die Vorbehaltlosigkeit und Vorurteilsfreiheit, mit der wir uns dem Gegenstand, dem Phänomen, das es zu beschreiben und bewerten gilt, nähern.

(2) Die „maximale Variation der Sichtweise", also der Versuch, das Entdeckte aus möglichst vielen Blickwinkeln heraus zu beschreiben und zu bewerten. Indem wir bestimmte Sachverhalte ganz bewusst auch

aus sonst ungewohnten Perspektiven betrachten, lassen sich Einseitig-
keiten und vorschnelle Urteile vermeiden und dabei immer wieder
neue, oft erstaunliche Entdeckungen zu machen.

Qualitative Sozialforschung will sich auf diese Weise ein möglichst vollständiges, alle wichtigen Aspekte berücksichtigendes Bild von der sozialen Realität machen. Sie will immer wieder von neuem und von allen
Seiten aus die Qualitäten dieser Realität in ihrer spezifischen Eigenart
herausarbeiten. Sie will wissen, wie diese Qualitäten genau beschaffen
sind, worin sie ähnlich oder auch verschieden sind, was als Gemeinsam-
keit und was als Unterschied angesehen werden kann. Das „qualitative
Experiment" spielt dabei eine wesentliche methodische Rolle. Wir kommen dieser Realität und ihren Qualitäten näher durch den „zielgerichte-
ten Eingriff in die soziale Wirklichkeit, systematisiert, mit einer Methodologie versehen, dadurch verwissenschaftlicht als Nutzung der Alltags-
aktivitäten" (Kleining, 1995, S. 137). Im Unterschied zu den sonst in der
Forschung üblichen Laborexperimenten sind solche Eingriffe aus der
Sicht der Beteiligten und eventuell Betroffenen sinnvoll, adäquat und in
die alltägliche Lebenssituation eingebunden. In dem folgenden Praxisbeispiel soll verdeutlicht werden, was im Alltagsgeschäft Sozialer Arbeit
unter einem solchen qualitativen Experiment zu verstehen sein könnte.

Praxisbeispiel: Ein qualitatives Experiment
in der Offenen Jugendarbeit

In einem städtischen Jugendfreizeitheim hat nach übereinstimmender
Einschätzung aller KollegInnen in letzter Zeit die Drogenproblematik
enorm zugenommen. Vor allem im Bereich der synthetischen Drogen
sind die problematischen Ereignisse im Haus und auf dem angrenzen-
den Gelände immer häufiger geworden. Außerdem mehren sich die Situationen, in denen – schwer nachweisbar – auch der Kauf und Verkauf
von Drogen im Haus stattfinden. Neben den üblichen präventiven Maßnahmen (Aufklärung, Information, Verteilung von Flyern...) ent-
schließt sich das Team, künftig in regelmäßigen Abständen Aktions-
und Projekttage zum Thema Drogen(missbrauch) zu veranstalten. Neben der Planung und Vorbereitung von Theaterstücken, Filmvorfüh-
rungen und Workshops zum Thema suchen die KollegInnen nach ge-

eigneten Methoden, wie etwas über die Wirkung solcher Aktions- und Projekttage herauszubekommen wäre. Schließlich entscheiden sie sich dazu, jeweils in der Woche vor und nach den Events eine kleine Befragung der BesucherInnen zur Wahrnehmung des Drogenproblems im Haus durchzuführen. Die Dokumentation von Veränderungen über die Zeit, z.B. bezogen auf die subjektive Betroffenheit, die Wahrnehmung der Dringlichkeit von Maßnahmen oder die Kenntnis von Bewältigungsmöglichkeiten bei den Befragten könnte dann die kurz-, mittel und langfristigen Wirkungen solcher Interventionen greifbarer und leichter nachweisbar machen.

Ganz ähnliche und gleichzeitig weiterführende Überlegungen stellt Mayring (1996³, S. 9ff) an, wenn er von den „Grundlagen qualitativen Denkens" spricht. Er geht davon aus, dass es im Wesentlichen fünf Grundsätze zu berücksichtigen gilt, damit im Rahmen Qualitativer Sozialforschung in den Humanwissenschaften (also dort, wo es um Menschen und ihr Zusammenleben geht) Prozesse des Entdeckens und des Verstehens möglich werden und auch möglichst optimal verlaufen:

„(1) Gegenstand humanwissenschaftlicher Forschung sind immer Menschen, Subjekte. Die von der Forschungsfrage betroffenen Subjekte müssen Ausgangspunkt und Ziel der Untersuchungen sein.

(2) Am Anfang jeder Analyse muss eine genaue und umfassende Beschreibung (Deskription) des Gegenstandsbereiches stehen.

(3) Der Untersuchungsgegenstand der Humanwissenschaften liegt nie völlig offen, er muss immer auch durch Interpretation erschlossen werden.

(4) Humanwissenschaftliche Gegenstände müssen immer möglichst in ihrem natürlichen, alltäglichen Umfeld untersucht werden.

(5) Die Verallgemeinerbarkeit der Ergebnisse humanwissenschaftlicher Forschung stellt sich nicht automatisch über bestimmte Verfahren her; sie muss im Einzelfall schrittweise begründet werden."

Letztlich – und dies scheint mir eine der zentralen Botschaften Qualitativer Sozialforschung zu sein – geht es um zwei sich ergänzende Grundprinzipien, die uns aus unserem ganz normalen Alltagshandeln sehr bekannt vorkommen. Wenn wir nämlich über Sachverhalte in unserer Umgebung Näheres und Genaueres erfahren wollen, wenn wir uns unverständliche Phänomene verstehen und bewerten wollen, werden wir versuchen,

(1) dieser Realität möglichst nahe zu kommen, genau hinzuschauen, was es ist, wie es ist und warum es so ist und

(2) dabei möglichst systematisch und zielgerichtet vorzugehen, also unsere Beschreibungs- und Bewertungsversuche an einfachen Regeln zu orientieren, die uns das Verstehen erleichtern können.

Die Übergänge zwischen einem schlicht neugierigen Alltagshandeln und der Methodik von ForscherInnen – gerade im Bereich der Qualitativen Sozialforschung – sind nämlich fließend. Letztlich unterliegen beide den Grundprinzipien der Realitätsnähe und der Systematik im Vorgehen.

Systemtheorie

‚Systemtheorie‘ ist ein sehr unübersichtlicher Überbegriff für eine Vielzahl theoretischer Ansätze, die versuchen, komplizierte Zusammenhänge in Natur oder Gesellschaft überschaubar und damit einer Beschreibung und Bewertung zugänglich zu machen. Diese Ansätze haben folgende Grundgedanken gemeinsam: Alle Systeme, also z.B. biologische (der Mensch), physikalische (eine Pendeluhr) oder politische (der Bundestag) und auch soziale Systeme sind grundsätzlich zu verstehen als mehr oder weniger differenzierte Gebilde aus einer bestimmten Anzahl von Komponenten und Teilsystemen, die jeweils bestimmte Eigenschaften besitzen. Diese Eigenschaften können stabil sein, sie können aber auch entstehen, sich verändern oder verschwinden. Dadurch entstehen mehr oder weniger stabile Beziehungen zwischen den einzelnen Komponenten und Teilsystemen (also nach innen) und gegenüber der Umwelt des Systems (also nach außen). Diese Beziehungen wiederum sorgen dafür, dass es zu relativ geordneten, manchmal sogar gesetzmäßigen Prozessen innerhalb eines Systems kommt und dass eine mehr oder weniger klare Abgrenzung nach außen, z.B. gegenüber anderen Systemen entsteht. Systemisches Denken in festen Strukturen und die Vorstellung von *Prozessen* der Veränderung und Entwicklung von Systemen, ihrer Komponenten und Eigenschaften sind deshalb kein Widerspruch, sondern auf eine logische Weise untrennbar miteinander verbunden. Systeme sind „strukturelle Kontinuitäten", die eine gewisse Stabilität aufweisen, gleichzeitig aber immer mehr oder weniger im Wandel begriffen sind.

Aus mindestens fünf Gründen sind solche allgemeinen systemtheoretischen Grundeinsichten von großer Bedeutung, wenn wir nach der Qualität Sozialer Arbeit fragen und uns in diesem Zusammenhang auf Prozesse der Beschreibung und Bewertung ihrer Praxis einlassen wollen. Systemisches denken hat nämlich die Folge, dass wir

- *Zusammenhänge besser erkennen:* Oft kommt es durch einen gezielten Blick auf die Gesamtstruktur eines Arbeitsbereiches zu erstaunlichen Einsichten. Neue Verbindungen werden erkannt, Abhängigkeiten thematisiert, und es entstehen zusätzliche Denk- und Handlungsoptionen. Der inzwischen fast sprichwörtliche verkürzte Blick von Fachkräften in der Sozialen Arbeit auf den Menschen, dem hier und jetzt geholfen werden muss, wird automatisch erweitert auf alle möglichen Einflussebenen: Auf die Ebene der Interaktion aller Beteiligten, die Ebene der Organisation, die den Rahmen für die Interaktionen bildet, und die Ebene der gesellschaftlichen Bedingungen, innerhalb der sich Organisationen gebildet haben und entwickeln.

- *Sehr komplexe Zusammenhänge besser strukturieren können:* Weil wir nämlich in der Lage sind, Zusammenhänge besser zu erkennen, können komplexe Probleme und Zusammenhänge auch systematischer in den Blick genommen und analysiert werden. Und gerade darum soll es ja bei der Selbstevaluation Sozialer Arbeit unter anderem gehen: Die nicht selten diffuse Unüberschaubarkeit des eigenen Alltagsgeschäfts einer systematischen Beschreibung zu unterziehen, die Komplexität und Ver-netztheit von Individuen, Ereignissen (wie z.B. Interventionen oder Kommunikationen) und Institutionen einer schrittweisen Analyse zugänglich zu machen und auch bei der Betrachtung von Details nicht den Blick für das Ganze zu verlieren.

- *Bedingungen für Veränderungen eher in den Blick nehmen:* Oft gerät der Blick auf mögliche Hemmnisse für Verbesserungen zu eng. Die Bedingungen dafür, dass keine Veränderungen möglich sind, liegen außerhalb des eigenen Blickwinkels oder Arbeits- und Verantwortungsbereichs und werden so als mögliche Ansatzpunkte für Veränderungen erst gar nicht thematisiert. Erst die Öffnung der Perspektive für das „Gesamtsystem" erlaubt ein vollständiges Urteil darüber, ob nicht doch (und wenn ja wie) Veränderungen möglich gemacht werden können.

46

- *Kooperation eher als Chance verstehen:* Wenn der Blick auf die Gesamtheit der Beziehungen zwischen den Teilsystemen und Komponenten eines Systems gelenkt wird, entsteht häufig auch ein neues Verständnis für zusätzliche Chancen der Kooperation: Nicht mehr nur die definierende Abgrenzung, etwa zwischen den Arbeitsbereichen einer Einrichtung, wirkt stabilisierend und identitätsstiftend. Auch neue Formen der Verstärkung von Beziehungen und Kooperationen können als Gelegenheit erkannt werden, Veränderungen und Verbesserungen zu initiieren.

- *Machtfragen eher thematisieren:* In vielen Arbeitsbereichen werden Machtfragen nur sehr einseitig mit der Person der Leitung in Verbindung gebracht. Durch einen Blick auf das Gesamtsystem der Beziehungen und Interaktionen und damit der möglichen Wirkungen von Macht auch innerhalb der einzelnen Hierarchiestufen können häufig Zusammenhänge und Prozesse transparenter gemacht und Verbesserungen erreicht werden.

Die systemtheoretischen Wurzeln der Selbstevaluation spielen also immer dann eine entscheidende Rolle, wenn es um die *Analyse von komplexen Zusammenhängen* geht und wenn bei der Verwertung ihrer Ergebnisse die Frage nach den *Bedingungen für Veränderungen* in der Praxis relevant wird. Bei der Beschreibung vieler einzelner Arbeitsschritte werden wir auf diese grundsätzlichen Überlegungen zurückkommen.

Handlungsforschung

„Die für die soziale Praxis erforderliche Forschung läßt sich am besten als eine Forschung im Dienste sozialer Unternehmungen oder sozialer Technik kennzeichnen. Sie ist eine Art Handlungsforschung, eine vergleichende Erforschung der Bedingungen und Wirkungen verschiedener Formen des sozialen Handelns und eine zu sozialem Handeln führende Forschung. Eine Forschung, die nichts anderes als Bücher hervorbringt, genügt nicht."

Mit diesen programmatischen Gedanken hat Kurt Lewin 1946 eine Tradition begründet, die bis heute eine wichtige Rolle spielt, wenn es um die Grundfragen sozialwissenschaftlicher Forschung geht. Trotzdem oder gerade deswegen ist die Handlungsforschung in der allgemeinen Empirischen Sozialforschung nicht unumstritten. Was diese besondere

Methode für die Soziale Arbeit und dort speziell für Selbstevaluationsvorhaben aber so interessant und bedeutend macht, lässt sich in drei
Punkten zusammenfassen:

(1) Zwischen ForscherInnen und allen anderen Beteiligten und Betroffenen besteht prinzipielle Gleichberechtigung. Es ist also ein Dialog unter den Beteiligten, ein demokratischer Aushandlungsprozess, der in allen zentralen Fragen über Ziel, Vorgehensweise und Verwertungsab-
sichten zur Entscheidung führt. Aufgabe der ForscherInnen ist es dabei
lediglich, diese Prozesse zu moderieren und methodisch zu begleiten.

(2) Ansatzpunkt für Handlungsforschung ist immer die Praxis, in der
ein soziales Problem besteht, als solches erkannt wird und gelöst werden soll. Die Aufgabe dieser Art von Forschung ist es also in erster Linie, einen Beitrag zur Problemlösung zu leisten im Interesse derjenigen,
die dieses Problem haben und an seiner Lösung selbst interessiert sind.
Daraus ergibt sich auch, dass der Verlauf von Handlungsforschung
ganz eng an die Praxis und deren Gegebenheiten gekoppelt ist und alle
wichtigen Entscheidungen immer wieder von neuem unter den Beteiligten auszuhandeln sind.

(3) Der entscheidende Vorteil von Handlungsforschung – und dies
macht sie auch zu einem so wichtigen „Vorbild" für die Selbstevaluation – ist ihre Absicht, ständig alle Ergebnisse direkt in die Praxis im
Sinne der Problemlösung einfließen zu lassen. Auch kleine Teilergeb-
nisse können – im formativen Sinne – direkt in verändertes Handeln
umgesetzt werden.

Handlungsforschung formuliert allerdings einen sehr hohen Anspruch
an die ‚Diskursfähigkeit' der Beteiligten. Vor allem in den 70er Jahren
ist es daher sehr häufig zu Überzeichnungen und Überhöhungen der Ansprüche an die Beteiligten gekommen. Dass dies in vielen Fällen zu
Überforderungen und zu konfliktreichen Forschungsverläufen führte,
liegt auf der Hand. Das zugrunde liegende emanzipatorische Interesse
ist jedoch als Postulat unverzichtbar. Es besitzt für Selbstevaluation –
wie wir noch sehen werden – gerade im Bereich der Sozialen Arbeit einen sehr hohen Wert. Denn es ist sinnvoll und richtig, alle Betroffenen
zumindest prinzipiell an der Beschreibung und Bewertung ihrer Praxis
zu beteiligen, vor allem, wenn es um die Frage nach den Konsequenzen
geht, die ja sie, die Fachkräfte genauso wie die KlientInnen, TeilnehmerInnen und KundInnen der Sozialen Arbeit zu tragen haben.

Auch im Bereich des Qualitätsmanagements gibt es inzwischen bewusst „partizipative" Formen und Bestrebungen (vgl. Bobzien, 1997; Straus, 1998). Dort wird Beteiligung der Betroffenen ganz im Sinne der Handlungsforschung vor allem in zwei Richtungen verstanden und umgesetzt:

(1) In Form von „*MitarbeiterInnenorientierung*", die versucht, „die Potenziale und Kompetenzen aller MitarbeiterInnen zur kontinuierlichen Verbesserung der Qualität der Dienstleistung und Angebote zu fördern und zu nutzen. Hier geht es auch um eine Wertschätzung, die sich aus dem ‚aktiven Beteiligtsein‘, dem ‚Gefragtsein‘ bei Verbesserungsvorschlägen, dem ‚etwas-bewirken-Können‘ speist ..." (Straus, 1998, S. 78).

(2) In Form von „*NutzerInnen- und KundInnenorientierung*", die versucht, „die Akzeptanz und Zufriedenheit der beteiligten NutzerInnen und KundInnen mit in die Qualitätsentwicklung einzubeziehen ... Damit bleibt die Qualitätsentwicklung nicht nur Innensicht, sondern wird zu einem Dialog zwischen Einrichtung/MitarbeiterInnen und den anderen NutzerInnen und KundInnen" (Straus, 1998, S. 78).

In der folgenden Tabelle sind die wichtigsten Prinzipien und Literaturquellen für eine intensivere Beschäftigung mit den theoretischen Wurzeln der Selbstevaluation, bezogen auf die Soziale Arbeit, zusammengefasst.

Grundlagen	Prinzipien	Quellen
Qualitative Sozialforschung	‚Neues entdecken‘ ‚Phänomene verstehen‘	Kleining, 1995 Mayring, 1996[3]
Systemtheorie	‚Zusammenhänge erkennen‘ ‚Machtfragen lösen‘	Hollstein-Brinkmann, 1993 Staub-Bernasconi, 1995
Handlungsforschung	‚Betroffene beteiligen‘ ‚Verwertung mitbestimmen‘	Moser, 1995 Lewin, 1982

Wie wir gesehen haben, wurde Selbstevaluation aus ganz unterschiedlichen theoretischen Richtungen geprägt und ist auf dem Wege, zu einem ganz spezifischen Bestandteil methodischen Handelns in der Sozialen Arbeit zu werden. Fünf zentrale Merkmale sind es, die sie im Wesentlichen kennzeichnen, ihre Eigenart zum Ausdruck bringen und Bezug zu den theoretischen Wurzeln nehmen. Sozusagen in Form eines kleinen „Credos" will Selbstevaluation nicht zuletzt auch den Versuch einer Abgrenzung unternehmen – vor allem gegenüber der klassischen Methodologie der Evaluationsforschung (vgl. z.b. Thierau & Wottawa, 1990) und der allgemeinen Empirischen Sozialforschung (vgl. z.b. Atteslander, 1995):

- *Arbeitsfeldorientierung statt Grundlagenorientierung:* Es geht bei Selbstevaluation nie um die Erforschung von grundsätzlichen Sachverhalten. Die spezielle Praxis vor Ort ist gleichzeitig Ausgangspunkt (Quelle von Gegenstand und Fragestellung der Evaluation) und „Rückbezugspunkt": Vorrangiges Ziel von Selbstevaluation ist es, die Ergebnisse für die Praxis möglichst Gewinn bringend anzuwenden und fruchtbar zu machen. Selbstevaluation versteht sich also eindeutig formativ und nicht summativ.

- *Lebensweltorientierung statt experimenteller Orientierung:* Selbstevaluation kann nicht in „künstlichen Situationen" mit Laborcharakter, sondern immer nur in der alltäglichen Lebens- und Arbeitswelt der Beteiligten und Betroffenen stattfinden. Die Sammlung von Daten in „wissenschaftlichen" Situationen mit experimentellem Charakter führt oft zu so genannten „Versuchsleitereffekten", d.h. zu erheblichen Verzerrungen und Verfälschungen der Ergebnisse (mangelnde Validität) und macht sie so für die Praxis unbrauchbar.

- *Subjektorientierung statt Verallgemeinerungsorientierung:* Selbstevaluation in einem bestimmten Arbeitsfeld führt zunächst zu gültigen Aussagen nur über dieses Arbeitsfeld, zu Ergebnissen für die Praxis, von der sie ausgeht, und nicht zwangsläufig darüber hinaus. Die Generalisierung von Ergebnissen ist nicht ohne weiteres möglich und zunächst auch nicht beabsichtigt. Deshalb werden z.B. personenorientierte Einzelfallanalysen und Typenbildungen methodisch eher im Vordergrund stehen und gerade dann besonders aussagekräftig, wenn sie aus längerfristigen Arbeits- und Lebenszusammenhängen heraus entstanden sind. Die oft berechtigte Kritik mangelnder Objektivität kann nur durch ein regelgeleitetes und dadurch kritisierbares Vorgehen (s.o.) entkräftet werden.

- *Prozessorientierung statt Output-Orientierung:* Der Langfristigkeit von Veränderungen und Entwicklungen gerade im Bereich der Sozialen Arbeit kann im Rahmen von Selbstevaluationsvorhaben nur ein so genanntes längsschnittorientiertes Vorgehen gerecht werden: Nur das begleitende Dokumentieren von Prozessen kann die Differenziertheit und Komplexität entlang der Zeitachse abbilden. Eine rein querschnittsorientierte Output-Kontrolle greift auch deshalb in vielen Fällen zu kurz, weil sich „Momentaufnahmen" nicht zur Klärung – letztlich zur Erklärung – beobachteter Phänomene eignen. Zweiter großer Vorteil: Ein formatives Vorgehen ermöglicht einen direkten und im Prinzip permanenten Rückbezug von (Teil)ergebnissen der Evaluation auf die Praxis. So entsteht eine enge Verzahnung zwischen dem eigentlichen beruflichen Handeln, seiner Bewertung und der Möglichkeit, es direkt zu verbessern oder weiterzuentwickeln.

- *Selbstorganisation statt ExpertInnendominanz:* „PraktikerInnen sind ForscherInnen in eigener Sache" (Heiner, 1988). Aufgrund der Tatsache, dass die Fragestellungen von Selbstevaluationen in der Praxis entstehen und Ergebnisse auf diese Praxis zurückbezogen werden, entsteht fast zwangsläufig eine für Selbstevaluation typische Rollenverteilung, bei der sich SozialwissenschaftlerInnen – die sonst üblichen EvaluatorInnen also – nur als beratende und begleitende ExpertInnen im Hinblick auf die Methodologie verstehen. Ziel der Kooperation mit PraktikerInnen ist es, sie zur selbstbestimmten Gestaltung ihres „eigenen Forschungsprozesses" zu befähigen. Auch deshalb müssen die Methoden für alle verständlich, in ihrer Anwendung nachvollziehbar und nicht zuletzt in der Alltagspraxis handhabbar sein.

Mit diesem letzten Merkmal ist ein entscheidender und gleichzeitig wunder Punkt angesprochen. Die Meinungen darüber, wie sinnvoll eine solche ‚Vermischung von Rollen' ist und welche Nachteile sie mit sich bringt, gehen weit auseinander. Wir erinnern uns an die Debatte um eine ‚gute Praxisforschung' im ersten Kapitel. Dennoch: Durch diese Doppelrolle entstehen auch wichtige Vorteile. Sich dieser unterschiedlichen Rollen immer bewusst zu sein und möglicherweise entstehende Rollenkonflikte transparent zu machen, scheint indes nach allen Erfahrungen die beste Gewähr dafür zu sein, dass die Vorteile überwiegen. Um abschließend diese Vorteile und gleichzeitig die Bandbreite der Diskussion noch einmal deutlich zu machen, will ich die fünf zentralen Motive darstellen, die den unterschiedlichen Selbstevaluationsvorhaben – nicht selten in kombinierter Form – zugrunde liegen und mit denen sich möglicher Nutzen, Funktionen und Ziele von Selbstevaluation beschreiben lassen (vgl. v. Spiegel, 1993, S. 27ff.):

- *Erfolgskontrolle:* Unter zunehmendem Druck von außen, im Wesentlichen durch die Kostenträger, hat sich Soziale Arbeit immer häufiger mit der Forderung nach einer detaillierten Erwartungs-Erfolgs-Kontrolle auseinander zu setzen. Aber auch eine leistungsbezogene Selbstkontrolle kann Bewertungsgrundlagen schaffen, um Erfolg und Misserfolg auf der fachlichen und der politischen Ebene diskutierbar zu machen. Mit Erfolg bzw. Misserfolg ist dabei zweierlei gemeint: Kontrolliert werden kann zum einen der Grad der Erreichung vorher gesetzter (z.B. in Konzeptionen festgelegter) Ziele. Die Frage nach der Effektivität von Maßnahmen steht hier im Vordergrund. Zum anderen aber kann es bei der Kontrolle des Erfolgs auch um die viel komplexere Frage nach der Effizienz gehen. Hier kommen neben fachlichen auch betriebswirtschaftliche Kriterien ins Spiel: Das Ausmaß erreichter Ziele wird in ein Verhältnis gesetzt zum Aufwand, der zu ihrer Erreichung (z.B. in Form von Personal- oder Sachkosten) benötigt wird. Vor allem die Bedeutung dieser Effizienzfragen nimmt in den letzten Jahren immer mehr zu.

- *Aufklärung:* Nicht nur der finanzielle, auch der Problemdruck steigt in den Feldern der Sozialen Arbeit an. Daraus ergibt sich ein zunehmendes Bedürfnis der KollegInnen, selbst zur Strukturierung, zur Transparenz und Klarheit in der Unübersichtlichkeit und Komplexität alltäglicher Aufgabenstellungen – etwa durch die Rekonstruktion von Interventionsverläufen – beitragen zu können. Aufklärung bedeutet dabei, das Wissen über Vorgänge im alltäglichen Handeln, z.B. über den Verlauf von Hilfeprozessen immer weiter zu vertiefen. Wie wirken die Interventionen? Von welchen Faktoren werden unsere Interventionen ihrerseits beeinflusst? Letztlich: Was wirkt eigentlich wie? Aufklärung ist ein Versuch, etwas mehr Licht und Struktur in die höchst komplexen, äußerst komplizierten und doch alltäglichen Vorgänge und Zusammenhänge zu bringen, mit denen es Soziale Arbeit in ihren verschiedenen Arbeitsfeldern zu tun hat. Aus fachlicher Sicht handelt es sich hier um ein ureigenes Interesse unserer Profession: Die Systematik beruflichen Handelns kann mit Hilfe von Selbstevaluation einer ständigen bewertenden Weiterentwicklung und Verbesserung unterzogen werden. Zentraler Nutzen ist die Optimierung der Praxis.

- *Qualifizierung:* Zur Einlösung der Forderung nach dem „Ende der Beliebigkeit" im Zusammenhang mit den Bemühungen um die Fortentwicklung methodischen Handelns trägt das Bemühen um Evaluation dazu bei, die eigene Fachlichkeit zu optimieren. Aus der systematischen Reflexion alltäglicher Arbeit heraus kann die Sicherheit entstehen, das Richtige zu tun, d.h. professionell zu arbeiten, letztlich kompetent zu sein. Aber auch der experimentierende Umgang mit Maßnahmen und Einrichtungskonzeptionen hat einen qualifizierenden Nutzen. Darauf hat vor allem Maja Heiner (1998) unter anderem hingewiesen, wenn sie von „Experimentierender Evaluation" spricht. Insgesamt können daraus z.B. Beiträge zu einer sinnvollen Personalentwicklung oder einem neuen Weiterbildungskonzept in Organisationen entstehen. Auch dadurch, dass wir Selbstevaluation künftig als einen festen Bestandteil des Repertoires beruflichen Handelns ansehen und einsetzen, entsteht zusätzliche Qualifizierung der Fachkräfte und der von ihnen verantworteten Praxis. Die auf diese Weise erworbenen empirischen Kompetenzen stehen den Einrichtungen in Zukunft für weitere Evaluationsvorhaben zur Verfügung: Eine nicht unbedeutende ‚Internalisierung von Ressourcen', die Organisationen aus sich heraus in die Lage versetzen, empirisch kompetent denken und handeln zu können.

- *Innovation:* Wie schon seit langem im Bereich der Industrie und in anderen Humandienstleistungen gang und gäbe, sind auch in der Sozialen Arbeit so genannte ‚kontinuierliche Verbesserungsprozesse' inzwischen zu praktikablen und effektiven Instrumenten nicht nur der Qualitätssicherung und -entwicklung geworden. Auch im Hinblick auf die Verbesserung struktureller Bedingungen alltäglicher Handlungsabläufe kann Selbstevaluation innovativ wirken und zur Erneuerung von Strukturen und Hilfeprozessen beitragen. Programmatische Aspekte sind hier angesprochen: Wie kann das Generalthema der Sozialen Arbeit, Hilfe bei der Lösung sozialer Probleme zu leisten und Individuen bei einer zunehmend selbstbe-

stimmten Lebensführung zu unterstützen, immer wieder neu formuliert und in den unterschiedlichsten Arbeitsfeldern konkretisiert
werden? Hier ist aber gerade nicht – wie es oftmals im Zusammenhang mit dem Begriff der Innovation missverstanden wird – das
ständige Erfinden des Neuen und Nie-da Gewesenen gemeint, sondern es geht schlicht um die wichtige Aufgabe, im eigentlichen Sinne des Wortes Innovation („Erneuerung"), Soziale Arbeit ständig
zu erneuern, sie also auf eine experimentierende Art und Weise den
sich ständig wandelnden und differenzierenden Bedingungen in unserer Gesellschaft optimierend anzupassen. Und dies ist eben auch
in erster Linie eine Frage an die Innovationsfreundlichkeit von
Struktur und Organisation der Hilfesysteme. Selbstevaluation tut
also gut daran, sich auch für die institutionellen Gegenstände der
Sozialen Arbeit zu interessieren. Denn gerade hier ist sie in der Lage, wichtige Beiträge nicht nur zur Qualitätssicherung, sondern
auch zur Organisationsentwicklung zu leisten.

- Legitimierung: Diese Funktion von Selbstevaluation kann als der
  zusammenfassende oder resultierende Nutzen bezeichnet werden:
  Kontrolle, Aufklärung, Qualifizierung und Innovation haben einen
  legitimatorischen Wert. Denn neben einem wachsenden Bedürfnis
  nach Selbstvergewisserung bei KollegInnen kann die Entwicklung
  objektivierbarer Standards auch zum Nachweis von Qualität der eigenen Arbeit nach außen beitragen. Auf diese Weise entstehen
  mehr Verbindlichkeit gegenüber den Kostenträgern und letztlich
  ein dokumentierbares Mehr an Daseinsberech-tigung im betriebs-
  und volkswirtschaftlichen Sinne. Auch die politische Diskussion
  kann aus den Reihen der Sozialen Arbeit heraus viel offensiver gestaltet werden. Sie gewinnt umso mehr an Gehalt, Profil und Über-
  zeugungskraft, je besser es ihr gelingt, den fachlichen, ökonomischen und gesellschaftlichen Wert Sozialer Arbeit aus sich heraus
  und an möglichst vielen Stellen des Gemeinwesens darzustellen.

Um es noch einmal zu verdeutlichen: Die so zusammengefassten Funktionen von Selbstevaluation lassen sich auf ganz verschiedene Ebenen
der Sozialen Arbeit beziehen, innerhalb derer sie eine unterschiedlich
gewichtige Rolle spielen können:

	Kontrolle	Aufklärung	Qualifizierung	Innovation	Legitimierung
Sozialpolitik (4)					
Profession (3)					
Organisation (2)					
KlientInnen (1)					

Sowohl auf der konkreten Handlungsebene und innerhalb institutioneller Strukturen als auch übergreifend im Blick auf die Professionalität Sozialer Arbeit und ihre Rolle im sozialpolitischen Diskurs haben Ergebnisse von Selbstevaluationsprozessen inzwischen Auswirkungen. Die grau unterlegten Felder markieren die m.E. derzeit stärksten Bemühungen. Es sind also zum einen vor allem Evaluationsvorhaben auf der Interventionsebene gemeint, bezogen auf bestimmte Zielgruppen Sozialer Arbeit (1). Zum anderen aber auch Vorhaben, die im Bereich der Professionalisierungsdiskussion (3,4) angesiedelt sind und sich inzwischen nahezu die gesamte Palette möglicher Funktionen zu Nutze machen. Ebenso ist zu beobachten, dass verstärkt Bemühungen auf der Ebene der sozialen Organisationen (2) entstehen, die sich teilweise auf die drei anderen Ebenen in vielfältiger Weise auszuwirken scheinen. Dies erscheint auch durchaus nachvollziehbar. Denn gerade auf der institutionellen Ebene sind Bedarfe an Organisationsentwicklung in kontrollierender, aufklärender, qualifizierender, legitimierender und innovativer Hinsicht entstanden, die ihre Ursachen einerseits im sozialpolitischen Bereich haben (vgl. z.B. die Diskussion um die „neuen Steuerungsmodelle") und andererseits im Zuge der Professionalisierung der Sozialen Arbeit diskutiert und begründet werden (vgl. z.B. Dewe, 1990; Combe & Helsper, 1996).
Dabei wird allerdings auch deutlich, dass es bei der Selbstevaluation um weit mehr geht, als „nur" um die kontrollierende Sicherung der Qualität Sozialer Arbeit in ihrer Praxis. Selbstevaluation ist zwar einerseits eine geeignete Methode der Qualitätssicherung in Einrichtungen, andererseits aber stellt sie auch ein Instrumentarium dar, das weit darüber hin-

aus Funktionen der fachlichen Vergewisserung und der konzeptionellen Weiterentwicklung übernehmen kann. Selbstevaluation ist eine Möglichkeit, sich als Fachkraft selbst und in einem sehr weitgefassten Sinne mit der Qualität der eigenen Sozialen Arbeit auseinander zu setzen. Damit ist sie – und das scheint eine wichtige Besonderheit gegenüber anderen Evaluationskonzepten zu sein – viel stärker auf den gesamten Bereich des Qualitätsmanagements zurückbezogen, und zwar insbesondere auf Bemühungen, in sozialen Organisationen Entwicklung von Qualität ‚von unten nach oben‘ vorzunehmen.

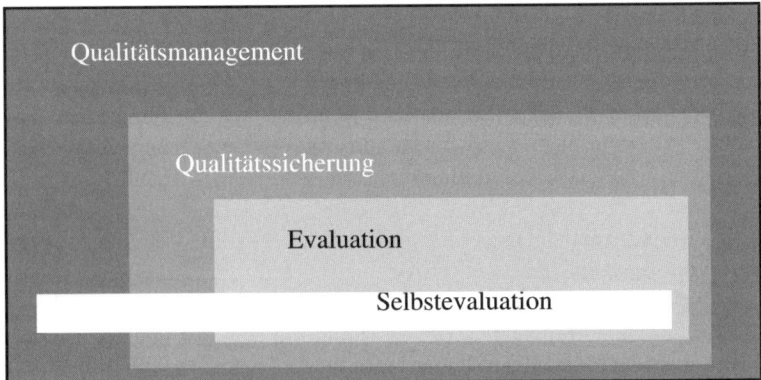

Damit schließt sich der Kreis: Unsere Ausgangspunkte waren drei Herausforderungen, denen sich Soziale Arbeit derzeit gegenüber gestellt sieht. Das durchgängige Thema dabei ist die Auseinandersetzung mit und das Bemühen um Qualität in der Sozialen Arbeit. Wenn wir nun am Ende unserer theoretischen Grundüberlegungen feststellen, dass sich ein möglicher Nutzen von Selbstevaluation sowohl auf der methodischen Handlungsebene als auch auf der institutionellen und auf der gesellschaftlich-politischen Ebene definieren lässt, so wird deutlich: Selbstevaluation ist ein Instrumentarium, das zur fachlich-methodischen Professionalisierung Sozialer Arbeit und damit auch indirekt zu ihrer gesellschaftlich-politischen Positionierung und wissenschaftlich-theoretischen Profilierung (im Einzelfall kleine aber insgesamt) wichtige Beiträge leisten kann.

Teil 2
Praxis der Selbstevaluation

3. Arbeitshinweise

Nach den theoretischen Bemerkungen im ersten Teil des Buches stellt sich nun im zweiten, dem Praxisteil, die Frage: Wie kann Selbstevaluation in den Feldern der Sozialen Arbeit konkret aussehen? Den grundlegenden Anknüpfungspunkt zur Beantwortung dieser Frage bilden zehn W-Fragen, auf deren grundsätzliche Bedeutung ich in der Einleitung des Buches bereits hingewiesen habe. Durch diese W-Fragen werden Arbeitsschritte definiert, mit denen die Vorbereitung, Planung und Durchführung von Selbstevaluationsprozessen strukturiert werden kann. Diese Fragen stellen auch für die Anwendung einzelner Methoden der Selbstevaluation eine geeignete und brauchbare Struktur dar. Grundgedanke und Ziel einer solchen Struktur ist es, eine schrittweise Anleitung für die Praxis der Selbstevaluation zu ermöglichen. Dementsprechend wird der Praxisteil des Buches durch die zehn W-Fragen gegliedert, die auf diese Weise sozusagen als ‚Landkarte‘ eine Orientierungshilfe bieten können.

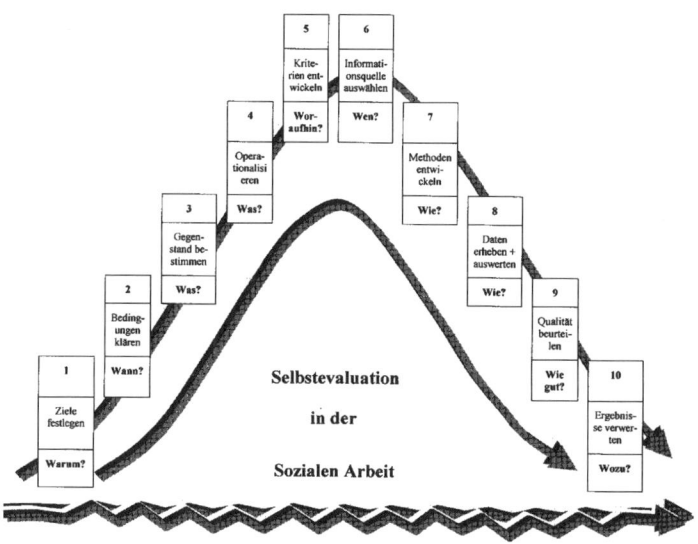

Dieser ‚Landkarte' liegt die bildhafte Vorstellung zugrunde, dass es sich beim Prozess der Selbstevaluation um eine ‚Bergtour' handelt, die es PraktikerInnen schrittweise ermöglicht, methodisch gesicherte, gezielte und gleichzeitig distanzierte Blicke auf den ‚Strom der Praxis', also auf ihr Alltagsgeschäft zu werfen. Diese Mühe, sich eine ‚gute Aussicht' zu verschaffen, erlaubt dann letztlich – so die Überlegung – eine übersichtliche Beschreibung und Bewertung dessen, was sich jeden Tag in den Feldern der Sozialen Arbeit ereignet, was wir dort tun und was wir bewirken können.

Mit diesem Leitfaden kann daher auf zwei verschiedene Arten gearbeitet werden:

- Durch die Bearbeitung aller zehn Schritte erhält der/die LeserIn einen *vollständigen Überblick* über alle wichtigen Überlegungen und Vorgehensweisen der Selbstevaluation in ihrer systematischen Reihenfolge.

- Mit der orientierenden Übersicht ist die Absicht verbunden, auf einen Blick den *Zugang zu einzelnen Fragen* und Aspekten im Verlauf bereits realisierter Evaluationsprozesse zu ermöglichen. So kann dieser Teil des Buches auch als Nachschlagewerk und Entscheidungshilfe in Detailfragen genutzt werden.

Ein letzter, vielleicht selbstkritischer Hinweis für die Arbeit mit diesem Buch: Der Leitfaden legt eine geradlinige, Schritt für Schritt aufeinander aufbauende Vorgehensweise zugrunde, die dem Verständnis beim Lesen und der Orientierung beim Planen dienen soll. Bei der Umsetzung in konkrete Projekte könnten aber in dieser Hinsicht Schwierigkeiten auftreten, etwa wenn es notwendig wird, diese geradlinige Strategie zu modifizieren, einzelne Schritte möglicherweise zweimal durchlaufen zu müssen oder projektspezifische, zusätzliche Überlegungen einzubauen. Dies spricht jedoch letztlich nicht grundsätzlich gegen ein solche regelgeleitete Logik, sondern ist vielmehr ein Hinweis auf die Vielfältigkeit der Praxis und ihrer Anforderungen.

4. Arbeitsschritte

1	Ziele festlegen	*Warum?*
2	Bedingungen klären	*Wann?*
3	Gegenstand bestimmen	*Was?*
4	Operationalisieren	*Was?*
5	Kriterien entwickeln	*Woraufhin?*
6	Informationsquelle auswählen	*Wen?*
7	Methoden entwickeln	*Wie?*
8	Daten erheben, auswerten	*Wie?*
9	Qualität beurteilen	*Wie gut?*
10	Ergebnisse verwerten	*Wozu?*

Die Gliederungsleiste zu Beginn jedes einzelnen Kapitels des zweiten Teils des Buches dient zum einen dem Überblick, zum anderen ermöglicht sie einen schnellen Zugriff zu den jeweils interessierenden Arbeitsschritten und Fragen. Der Aufbau der einzelnen Kapitel ist dabei immer gleich:

- Im Überblick werden zunächst die *wichtigsten Fragen* genannt, mit denen sich das jeweilige Kapitel beschäftigt.

- Ausgangspunkt sind immer *grundsätzliche Überlegungen* zum jeweiligen Arbeitsschritt, die an die theoretischen Grundlagen im ersten Teil des Buches anknüpfen. Sie setzen die Lektüre dieses Teils aber nicht voraus.

- Zentrale Überlegungen und praktische Erfahrungen aus Evaluationsprozessen werden mit Hilfe von *Checklisten* übersichtlich zusammengefasst. Es werden *Tipps* und *Ratschläge* gegeben, und es wird auf eventuelle Schwierigkeiten und mögliche Fehler bei der Durchführung des Arbeitsschrittes hingewiesen.

- Schließlich wird in jedem Kapitel ein konkretes *Praxisbeispiel* aus unterschiedlichen Feldern der Sozialen Arbeit vorgestellt. Diese Beispiele dienen der Veranschaulichung und Konkretisierung der Überlegungen: Wie stellt sich der Verlauf von Selbstevaluationsvorhaben dar? Wie wird mit welchen Problemen konkret umgegangen?

Die folgende Übersicht zeigt noch einmal zur Orientierung die Aufbausystematik dieses Teils des Buches und bietet so Hinweise darauf, welche Arbeitsschritte anhand welches Praxisfeldes ausgeführt werden.

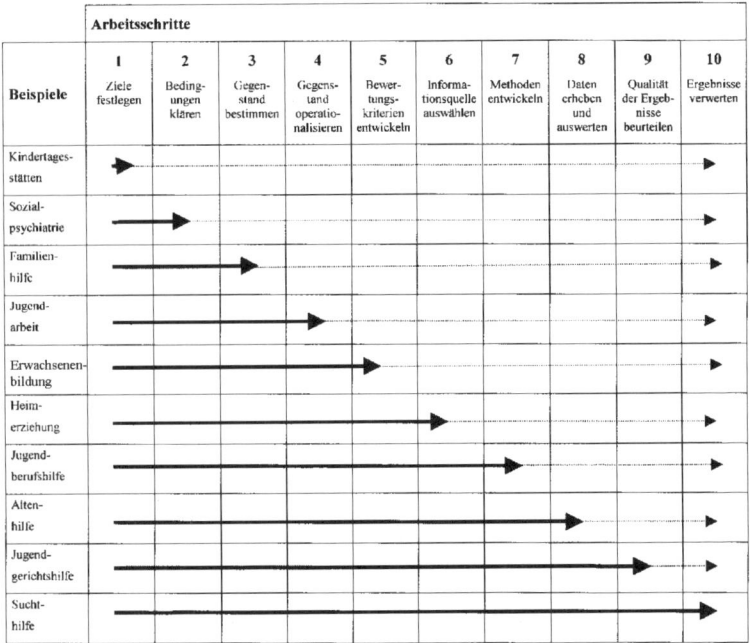

Dem Buch liegt außerdem eine herausnehmbare Karte bei, auf der die zehn Arbeitsschritte im Überblick stichwortartig zusammengefasst sind.

Schritt 1: Ziele der Evaluation festlegen

• Welcher Nutzen wird bei einer Selbstevaluation erwartet?

• Welche Ziele kann eine Evaluation in der Sozialen Arbeit verfolgen?

• Wie können Entscheidungen über die mögliche Ziele getroffen werden?

• Wie kann mit Zielkonflikten umgegangen werden?

• Wem oder wozu nützen die Ergebnisse von Evaluationen in erster Linie?

1	Ziele festlegen	*Warum?*
2	Bedingungen klären	*Wann?*
3	Gegenstand bestimmen	*Was?*
4	Operationalisieren	*Was?*
5	Kriterien entwickeln	*Woraufhin?*
6	Informationsquelle auswählen	*Wen?*
7	Methoden entwickeln	*Wie?*
8	Daten erheben, auswerten	*Wie?*
9	Qualität beurteilen	*Wie gut?*
10	Ergebnisse verwerten	*Wozu?*

Dass Evaluationen darauf abzielen müssen, sowohl den direkt beteiligten KlientInnen, Fachkräften und Organisationen als auch indirekt der Profession der Sozialen Arbeit und noch weiter gefasst der gesamten Gesellschaft und ihren Teilsystemen in irgend einer Weise zu nützen, liegt auf der Hand. Die Nützlichkeit von Evaluationen für möglichst alle Beteiligten ist daher ein unumstrittener und sehr pragmatischer Ausgangspunkt für den ersten Planungsschritt.

Auch die Frage, ob Evaluation in einer bestimmten Situation überhaupt lohnt, notwendig ist, sollte ernsthaft erwogen werden. Bei ihrer Klärung könnte der kleine ,Schnelltest' hilfreich sein, der im Materialteil (Kapitel 7) abgedruckt ist.

Ist diese Frage grundsätzlich geklärt, muss es in einem ersten ‚echten‘ Arbeitsschritt bei jeder Evaluation – zunächst noch unabhängig von der Frage, was denn genau evaluiert werden soll – um die Festlegung der konkreten Ziele, um die Klärung des erwarteten Nutzens des geplanten Vorhabens gehen. Denn wenn die Frage nach dem „Warum?" nicht geklärt ist, dann kann der erfolgreiche Verlauf einer Evaluation (auch im Hinblick auf die Reichweite und die Verwertbarkeit der Ergebnisse) mehr als fraglich werden. Zur Vermeidung einer solchen Entwicklung folgt hier deshalb zunächst eine Übersicht über die bereits im Theorieteil erwähnten fünf „Hauptnutzen", wie sie sich in Selbstevaluationsprojekten der Sozialen Arbeit immer wieder ergeben. Diese fünf Hauptnutzen können als Grundlage für die Formulierung der konkreten Ziele eines Evaluationsvorhabens verwendet werden.

- *Erfolgskontrolle:* Nahezu alle Träger Sozialer Arbeit sehen sich einem zunehmenden Kosten-, Legitimations- und Leistungsdruck ausgesetzt. Insbesondere Kostenträger (also die Finanzierungsseite) formulieren immer stärker die Erwartung, dass sich die Praxis Sozialer Arbeit insgesamt einer detaillierten „Erwartungs-Erfolgs-Kontrolle" unterzieht. Aber auch eine aktive, leistungsbezogene Selbstkontrolle kann Bewertungsgrundlagen schaffen, um Erfolg und Misserfolg auf der fachlichen und auf der politischen Ebene – innerhalb und außerhalb von Einrichtungen – diskutierbar zu machen.

- *Aufklärung:* Nicht nur der finanzielle, auch der Problemdruck steigt in den Feldern der Sozialen Arbeit. Daraus ergibt sich ein zunehmendes Bedürfnis vieler KollegInnen, selbst zur Aufklärung ihres Alltags, also zur Strukturierung der Unübersichtlichkeit und Komplexität alltäglicher Aufgabenstellungen beitragen zu können. Die Rekonstruktion von Interventionsverläufen oder Hilfesystemen unterstützt beispielsweise oft das Erkennen der Auswirkungen unserer Arbeit. Eine solche Aufklärung trägt häufig entscheidend dazu bei, dass wir in Zukunft wirkungsvoller und besser handeln können.

- *Qualifizierung:* Seit Jahren sieht sich Soziale Arbeit der Forderung nach dem „Ende der Beliebigkeit" gegenüber. Im Zusammenhang mit den Bemühungen um die Fortentwicklung methodischen Handelns trägt Soziale Arbeit durch das Bemühen um Evaluation dazu bei, die eigene Fachlichkeit zu optimieren. Durch systematische

Reflexion alltäglicher Arbeit können z.B. Beiträge zu einer sinnvollen Personalentwicklung in Organisationen und damit zu einer ständig sich fortentwickelnden Professionalisierung der Sozialen Arbeit geleistet werden. Qualifizierung bedeutet in diesem Zusammenhang aber auch noch etwas Zweites: Wenn wir Selbstevaluation künftig als einen festen Bestandteil des Repertoires beruflichen Handelns ansehen und einsetzen, entsteht eine zusätzliche Qualifizierung der Fachkräfte. Die erworbenen empirischen Kompetenzen stehen den Einrichtungen in Zukunft für weitere Evaluationsvorhaben zur Verfügung: Eine nicht unbedeutende ‚Internalisierung von Ressourcen‘, die Organisationen aus sich heraus in die Lage versetzen, empirisch kompetent denken und handeln zu können.

- *Legitimierung:* Die Entwicklung objektivierbarer Standards trägt nicht nur dem wachsenden Bedürfnis vieler KollegInnen nach Selbstvergewisserung Rechnung, sondern unterstützt auch den Nachweis von Qualität und Effizienz der eigenen Arbeit gegenüber entsprechenden Anfragen von außen. Auf diese Weise kann es gelingen, die Daseinsberechtigung Sozialer Arbeit im betriebs- und volkswirtschaftlichen Sinne zu dokumentieren. Selbstlegitimierungsprozesse aus den sozialen Organisationen heraus haben immer dann beste Aussichten auf Erfolg und Wirkung, wenn sie den volkswirtschaftlichen Kontrollprozessen von außen ‚strategisch zuvorkommen‘.

- *Innovation:* Wie seit langer Zeit im Bereich der Industrie und in vielen Bereichen der Humandienstleistungen, sind auch in der Sozialen Arbeit so genannte „kontinuierliche Verbesserungsprozesse" inzwischen zu praktikablen und effektiven Instrumenten nicht nur der Qualitätssicherung und -entwicklung geworden. Auch im Hinblick auf die Verbesserung struktureller Bedingungen alltäglicher Handlungsabläufe kann Selbstevaluation innovativ wirken und zur Erneuerung von Strukturen und Hilfeprozessen beitragen.

Alle diese – noch immer sehr allgemein formulierten – Ziele kommen für jedes Evaluationsvorhaben prinzipiell in Frage. Sie können deshalb beliebig miteinander kombiniert werden und dabei in einen engen synergetischen, d.h. sich gegenseitig noch zusätzlich positiv beeinflussenden Zusammenhang zueinander treten:

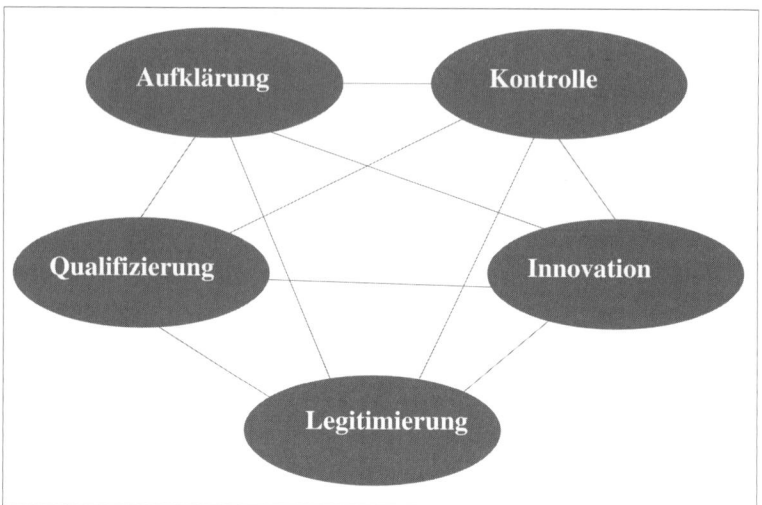

Die konkrete Aufgabe besteht nun darin, in diesem ersten Schritt zu klären, welches denn nach der Ansicht aller an dem Evaluationsvorhaben Beteiligten die wesentlichen Ziele der Evaluation sein sollen. Nach allen Erfahrungen ist es sinnvoll, ausgehend von den genannten allgemeinen Zielbereichen, den beabsichtigten Nutzen so konkret wie möglich zu formulieren. Es lohnt sich, das Ergebnis der Überlegungen gleich zu Beginn schriftlich festzuhalten.

Vorlage zur Formulierung der Ziele für eine Selbstevaluation	✓
❑ **Kontrolle**. Das heißt für uns ...	
❑ **Aufklärung**. Das heißt für uns ...	
❑ **Qualifizierung**. Das heißt für uns ...	
❑ **Legitimierung**. Das heißt für uns ...	
❑ **Innovation**. Das heißt für uns ...	

Ein zusätzlicher positiver Effekt eines solchen Vorgehens besteht darin, dass durch die schriftliche Fixierung der Ziele auch eine Offenlegung der Absichten nach außen erfolgt. Indem die Transparenz des Verfahrens erhöht wird, können Missverständnisse vermieden werden. Dies ist von Anfang an ein Beitrag zr Herstellung von Akzeptanz und Glaubwürdigkeit.

Trotzdem ist natürlich an solchen strategisch entscheidenden Stellen immer auch mit Konflikten zu rechnen. Je mehr KollegInnen oder sogar Interessengruppen an der Formulierung der Ziele beteiligt werden (und das kann ja durchaus sinnvoll sein, um eine möglichst breite Basis für einen Konsens bei größeren Vorhaben herstellen zu können), desto wahrscheinlicher sind Meinungsverschiedenheiten und Zielkonflikte. Daher erscheint es sinnvoll, sogar notwendig, dass die an einer Selbstevaluation beteiligten KollegInnen offen legen, an welchen Sichtweisen, Überlegungen, Vermutungen und Kriterien sie sich dabei orientieren. Solche Zieldebatten können, wie wir alle wissen, sehr schnell ausufern und – was noch gefährlicher ist – von nicht sachlichen und nicht offen gelegten Kriterien und Motiven bestimmt werden. Solche nicht sachorientierten Konflikte können schnell zum vorzeitigen Ende des Evaluationsvorhabens führen und erzeugen nach allen Erfahrungen enorme zusätzliche Frustrationen. Das folgende Schema versucht einen Beitrag zur Strukturierung und Versachlichung des Diskussionsprozesses zu leisten. Es nennt die beiden Hauptentscheidungskriterien im Hinblick auf die Auswahl der Ziele und setzt diese zueinander in Beziehung. Das Schema geht davon aus, dass die *Vorrangigkeit* eines Ziels im Wesentlichen von seiner *Wichtigkeit* (d.h. von seinem gesamten inhaltlichen Stellenwert) und von seiner *Dringlichkeit* (d.h. vom bestehenden zeitlichen Problemdruck) bestimmt wird. In einem nach Möglichkeit moderierten Austausch- und Entscheidungsprozess können zunächst alle möglichen Ziele gesammelt und dann mit Hilfe des Schemas nach ihrer Wichtigkeit und ihrer Dringlichkeit geordnet werden. Besonders vorrangig wären dann diejenigen Ziele, die im Schema besonders weit oben links platziert werden.

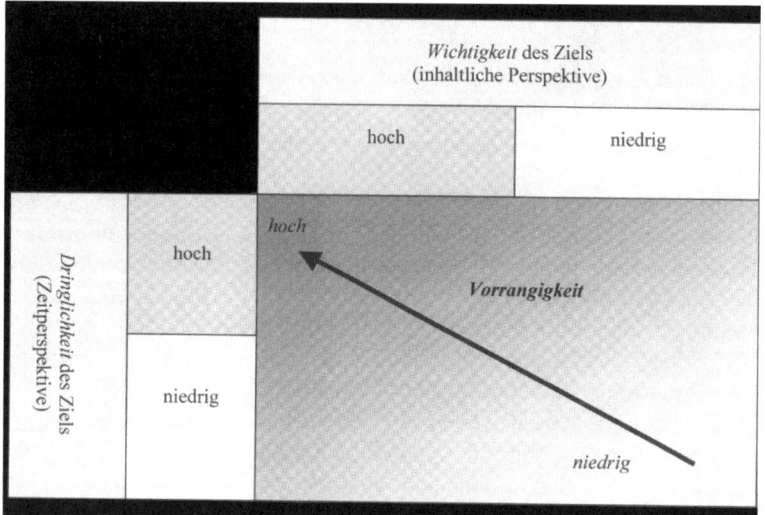

Praxisbeispiel: Kindertagesstätten

Die Referentin für Qualitätsfragen eines großen Sozialverbandes startet eine Qualitätsoffensive, in deren Rahmen auch drei Kindertagesstätten einbezogen werden. In einem ersten Teilprojekt wird die Durchführung von Selbstevaluationsmaßnahmen in den einzelnen Gruppen der Tagesstätten angeregt. In einem Gespräch zwischen der Referentin und den Leiterinnen der drei Einrichtungen wird beschlossen, dass sowohl Kinder- als auch Elternbefragungen stattfinden sollen und zwar mit dem Ziel, mehr über deren Zufriedenheit mit der Arbeit der Erzieherinnen und über mögliche Verbesserungsvorschläge zu erfahren. Als die zentralen Ziele dieses Vorhabens werden in einer MitarbeiterInnenversammlung des Gesamtverbandes die Notwendigkeit von Innovation zur Verbesserung der Konkurrenzfähigkeit der eigenen Einrichtungen auf dem Markt und verbesserte Ansatzpunkte zur Legitimierung der eigenen Arbeit durch den Nachweis fachlicher und wirtschaftlicher Effizienz genannt.

Es herrscht angeregte Aufbruchstimmung in der Mitarbeiterschaft, viele versprechen sich Verbesserungen nicht zuletzt auch im Hinblick auf ihre eigenen Arbeitsbedingungen und Entwicklungsmöglichkeiten. Doch bereits bei der Methodenfrage entstehen erste Irritationen. Während Einigkeit darüber besteht, dass mit den Kindern kurze Interviews zu deren Wünschen durchgeführt werden sollen, geht es schnell um die entscheidende Frage, ob es sinnvoll und notwendig ist, einen einheitlichen Fragebogen zur Befragung der Eltern für alle drei Einrichtungen zu erstellen. Die Referentin befürwortet dies, da sie an einem Vergleich der Ergebnisse unter den drei Tagesstätten und unter den Einzelgruppen innerhalb der Einrichtungen interessiert ist. Schnell entstehen angesichts dieser ‚Wünsche‘, Unsicherheiten, Kontrollbefürchtungen und bei manchen nicht zuletzt die schlichte Angst, dass letztlich der eigene Arbeitsplatz durch versteckte Rationalisierungsmaßnahmen gefährdet sein könnte.

In einem klärenden Gespräch unter allen Beteiligten im Bereich der Kindertagesstätten können schließlich die größten Vorbehalte ausgeräumt werden, indem die Referentin eine Bestandsgarantie für alle Stellen und die dazugehörigen Sachkosten abgibt. Trotzdem bleiben Verunsicherungen bei den KollegInnen angesichts des Eindrucks, dass ihre Kontrollbefürchtungen nie offen thematisiert wurden. Ebenso hält sich ihre Motivation im weiteren Verlauf des Projekts sehr in Grenzen, weil der übereinstimmende Eindruck entstanden ist, dass die KollegInnen zu wenig an den entscheidenden Fragen bei der Planung und Vorbereitung beteiligt wurden.

Schritt 2: Klärung und Schaffung von Voraussetzungen und Bedingungen

• Welche institutionellen Voraussetzungen müssen gegeben sein?
• Welche individuellen Bedingungen müssen bei den Beteiligten und Betroffenen erfüllt sein?

1	Ziele festlegen	*Warum?*
2	Bedingungen klären	*Wann?*
3	Gegenstand bestimmen	*Was?*
4	Operationalisieren	*Was?*
5	Kriterien entwickeln	*Woraufhin?*
6	Informationsquelle auswählen	*Wen?*
7	Methoden entwickeln	*Wie?*
8	Daten erheben, auswerten	*Wie?*
9	Qualität beurteilen	*Wie gut?*
10	Ergebnisse verwerten	*Wozu?*

Zwei zentrale Voraussetzungen sollten wir im Auge behalten, wenn es darum geht, die Bedingungen dafür zu schaffen, dass eine Selbstevaluation erfolgreich durchgeführt werden kann: Institutionell-organisatorische und individuell- gruppendynamische Voraussetzungen.

Auf der *institutionell-organisatorischen Ebene* geht es zunächst darum, Selbstevaluation überhaupt zu ermöglichen. Ressourcen und Infrastrukturen müssen zur Verfügung stehen, damit es nicht zwangsläufig zu Überforderungen kommt, in dem Sinne: „Was sollen wir denn noch alles machen?" oder „Darum können wir uns beim besten Willen nicht auch noch kümmern!" oder „Das ist doch nicht unser Job, das sollen die WissenschaftlerInnen machen!". Konkret heißt das:

• Ein angemessenes *Budget* schafft Spielräume für schnelle Entscheidungen und Umsetzungen, etwa wenn es um die Anschaffung von Materialien für die Vorbereitung eines Gruppeninterviews oder einer Informationsveranstaltung geht.

- Die stundenweise *Freistellung* von KollegInnen, die sich entschlossen haben in einem Evaluationsteam mitzuarbeiten, ist unerlässlich. Erfahrungsgemäß liegt der Aufwand für Evaluation bei ca. 2–5% des Gesamtaufwandes über den zu betrachtenden Zeitraum.

Allerdings kann dieser durchschnittliche Erfahrungswert deutlich über- oder auch unterschritten werden. Erfahrungsgemäß sind es die folgenden Faktoren, die erwarten lassen, dass sich dieser Anteil eher erhöht:

- Geringe Gesamtkosten (kleine Einrichtung, Projekt)

- Widerstände in der Einrichtung

- Unklarer, diffuser Evaluationsgegenstand

- Gesamterhebung bzw. sehr große Stichproben notwendig

- Sehr hohe Belastbarkeit der Ergebnisse notwendig (politisch, juristisch…)

Der Anteil verringert sich eher, wenn folgende Faktoren vorlegen:

- Eindimensionales Fragestellungen und Gegenstände (z.B. Kundenzufriedenheit)

- Reguläre Arbeitszeiten sind mit Evaluationsaufgaben kombinierbar.

- Bereits vorliegende Daten, Dokumente, Protokolle usw. können als Grundlage verwendet werden.

- Hohe Lern- und Entwicklungsmotivation der Beteiligten

- Auch die *Ausstattung mit Räumen und Geräten* muss bedacht werden. Sie hält sich vom Umfang her aber ebenso in Grenzen: Besprechungsraum, PC und Telefon, jeweils nur zur partiellen Nutzung, reichen als Grundausstattung in der Regel aus.

Über diese rein materiellen Voraussetzungen hinaus ist es nützlich, eine flexible externe Beratung und Begleitung für das Evaluationsvorhaben sicher zu stellen. Dies erscheint aus vielerlei Gründen sinnvoll, auf die wir im weiteren Verlauf immer wieder stoßen werden. Wichtig ist zunächst, dass eine solche ‚wissenschaftliche‘ Begleitung grundsätzlich immer dann zur Verfügung stehen sollte, wenn davon auszugehen ist, dass die für das Vorhaben Verantwortlichen Probleme haben werden,

71

zentrale Entscheidungen eigenständig zu treffen, etwa in Methodenfragen oder bei der statistischen Auswertung der gesammelten Daten. Sehr viel problematischer im Hinblick auf den reibungslosen und möglichst Gewinn bringenden Verlauf eines Evaluationsvorhabens erscheint demgegenüber jedoch die zweite Ebene der notwendigen Voraussetzungen, nämlich die individuell-gruppendynamische Ebene. Damit nicht alles in Zank und Streit endet und womöglich noch zusätzlich die eigentliche alltägliche Arbeit erschwert wird, müssen wir darauf achten, dass im Vorfeld und während des Vorhabens Klarheit, Offenheit, Glaubwürdigkeit und damit Handlungssicherheit für alle Beteiligten und Betroffenen hergestellt wird. Im Vordergrund steht daher zunächst die Aufgabe, weit gehende Einigung darüber herzustellen, was der gemeinsame Nutzen der erwarteten Ergebnisse für das Alltagsgeschäft und die Einrichtung sein soll (vgl. Schritt 1). Je besser es gelingt, gleich zu Beginn eines solchen Projekts alle unterschiedlichen Interessen (sowohl in den Teams als auch auf den verschiedenen Hierarchieebenen einer Einrichtung) offen anzusprechen und zu integrieren, desto größer wird im Verlauf die ‚politische Tragfähigkeit‘ und damit das vorbehaltlose Engagement der KollegInnen sein. Befürchtungen vor vermehrter Kontrolle und Rationalisierungen werden an dieser Stelle häufig und oft berechtigterweise von MitarbeiterInnen gehegt und geäußert. Mit Machtstrukturen innerhalb von Einrichtungen kompetent und verantwortlich umzugehen, heißt letztlich auch, solche Befürchtungen ernst zu nehmen, sie in Diskussionen aufzugreifen und zum Gegenstand von Klarstellungen und Vereinbarungen zu machen. Eine geeignete Methode ist nach aller Erfahrung der Abschluss einer schriftlichen Vereinbarung, z.B. in Form eines Protokolls oder ‚Vertrags‘. Auf diese Weise können klare Entscheidungs- und Verantwortungsstrukturen offen gelegt bzw. geschaffen werden. Außerdem ist es möglich, gemeinsame oder unterschiedliche Erwartungen festzuhalten und Absprachen zu treffen. Auch die Art und Weise des Umgangs mit der Veröffentlichung von Ergebnissen der Evaluation – ein ganz heikler Punkt – kann bereits hier thematisiert und geregelt werden. Eine solche Vereinbarung und damit die Verantwortlichkeit für das ‚Gesamtunternehmen Evaluation‘ sollte unbedingt zur ‚Chefsache‘ gemacht werden. Einflussnahmen im Verlauf des Projekts auf den verschiedenen Ebenen unterhalb der Leitungsebene können so minimiert, jedoch nie ganz ausgeschlossen werden. Die in dieser Hinsicht optimale Konstellation – eine echte

‚win-win-Situation – ist wohl dann gegeben, wenn Selbstevaluation innerhalb einer Organisation von den Leitungsverantwortlichen initiiert oder veranlasst, im weiteren Verlauf aber an die zuständigen Mitarbeitenden mit möglichst weitgehenden Kompetenzen delegiert wird.

Je besser es gelingt, alle Beteiligten und Betroffenen immer wieder in einer Atmosphäre von Respekt und Vertrauen über den Verlauf zu informieren und von der Notwendigkeit wichtiger Entscheidungen zu überzeugen, desto mehr entsteht Glaubwürdigkeit nach innen und außen – die wohl wichtigste Voraussetzung für den Erfolg des Vorhabens. Natürlich – und auch darüber sollten wir uns im Klaren sein – hat Glaubwürdigkeit auch viel mit fachlicher Autorität zu tun: Sachwissen und Erfahrung (möglicherweise unterstützt ‚von außen') sowie die persönliche Integrität der MitarbeiterInnen sind zentrale Voraussetzungen. Nicht zuletzt sind es aber immer auch Begeisterungsfähigkeit, Ermunterung und die Verbreitung von Aufbruchstimmung, die ungeahnte Lernfähigkeiten offenbar werden lassen und so erstaunliche Entwicklungen auf den Weg bringen können.

Checkliste Bedingungen und Voraussetzungen	✓
… institutionell-organisatorisch:	
• Ist die Finanzierung des Evaluationsprojekts gesichert? Nach aller Erfahrung geht es darum, je nach Umfang der Evaluation, bis zu 5% der laufenden Kosten der betreffenden Einrichtung oder Abteilung für einen befristeten Zeitraum zur Verfügung zu stellen.	
• Sind zeitliche Freiräume für die an der Evaluation beteiligten MitarbeiterInnen geregelt? Sind z.B. so genannte Entlastungsstunden vorgesehen?	
• Besteht prinzipiell Zugang zu fachlicher, methodischer (‚wissenschaftlicher') Begleitung? Ist diese jederzeit abrufbar und auch vom zeitlichen Aufwand her flexibel verfügbar?	

Checkliste Bedingungen und Voraussetzungen	✓
• Bestehen Möglichkeiten der Vernetzung, des regionalen oder überregionalen Austauschs mit anderen Projekten und Einrichtungen, die ebenfalls Selbstevaluation betreiben?	
... individuell-gruppendynamisch:	
• Besteht ein kollegialer Konsens darüber, dass die ‚Mehrarbeit‘ notwendig und mit Blick auf künftige Verbesserungen sinnvoll ist?	
• Wird das Evaluationsvorhaben auch innerhalb der weiteren Hierarchieebenen der Einrichtung akzeptiert (und möglicherweise nach Kräften unterstützt)? Ist die Selbstevaluation ‚Chefsache‘ im Sinne von Rückendeckung und Unterstützung?	
• Gibt es innerhalb der Einrichtung berechtigte Hoffnung, dass den innovativen Perspektiven einer Selbstevaluation auch Veränderungsbereitschaften auf der Leitungsebene entsprechen?	
• Ist das Vorhaben für alle Beteiligten und Verantwortlichen transparent im Hinblick auf Rollenverteilungen und Kompetenzzuweisungen?	
• Ist bei den KollegInnen eine gewisse kreative und innovationsfreundliche Grundeinstellung zu erkennen, die die Überwindung aller Innovationshemmnisse (Routinen, starre Strukturen, „Es war schon immer so ...“) in Aussicht stellen könnte?	

Praxisbeispiel: Rahmenbedingungen
für Selbstevaluation in der Sozialpsychiatrie

Die Leitung der Abteilung Sozialpsychiatrie einer großen freien Sozialeinrichtung beschließt die Einrichtung eines Qualitätszirkels. Fünf KollegInnen aus den Bereichen Wohnen, Beschäftigungs- und Arbeitstherapie, Tagesstätte und Übungsfirma sowie eine Psychologin und ein Arzt werden in einem offiziellen internen Bewerbungsverfahren von der Leitung ausgewählt und bekommen die Aufgabe, Bedingungen zu identifizieren, unter denen die Versorgung der stationären und ambulanten PatientInnen besser geleistet werden kann. Hochmotiviert geht das Team an die Arbeit, mit dem erklärten Ziel, innovativ zu arbeiten, also echte Verbesserungen der Lebensqualität der KlientInnen zu erreichen – nicht zuletzt natürlich auch im Hinblick auf die eigenen Arbeitsbedingungen.

Auch die Rahmenbedingungen stimmen. Allen KollegInnen im Qualitätszirkel stehen 5 Stunden Freistellung pro Woche sowie ein gemeinsamer Raum mit PC und Telefon und ein ausreichendes Budget für die anfallenden Sachkosten zur Verfügung.

Obwohl die Untersuchung auch methodisch (mit externer Beratung) gut geplant und vorbereitet ist, kommt es im Verlauf zu schwierigen Situationen und zunächst unerklärlichen Verhaltensweisen der Mitarbeiterschaft gegenüber dem Projekt. Verschwörung und Boykott werden schließlich vermutet. In einem klärenden Gespräch im Rahmen einer MitarbeiterInnenversammlung kommen schließlich kaum vermutete Unsicherheiten, Kontrollbefürchtungen, sogar Ängste vor Rationalisierungsmaßnahmen zur Sprache. Als Ursachen dafür wurden vor allem mangelnde Aufklärung und Information der KollegInnen über Ziele und Verlauf des Projekts und deren unzureichende Beteiligung an den zentralen inhaltlichen Entscheidungen dabei genannt.

Schritt 3: Bestimmung des Gegenstandes und der Fragestellung der Evaluation

- Was soll durch die Evaluation beschrieben und bewertet werden?
- In welcher Hinsicht soll dieser Gegenstand näher untersucht werden?
- Gibt es schon Vermutungen, mögliche Antworten auf die gestellten Fragen?

1	Ziele festlegen	*Warum?*
2	Bedingungen klären	*Wann?*
3	Gegenstand bestimmen	*Was?*
4	Operationalisieren	*Was?*
5	Kriterien entwickeln	*Woraufhin?*
6	Informationsquelle auswählen	*Wen?*
7	Methoden entwickeln	*Wie?*
8	Daten erheben, auswerten	*Wie?*
9	Qualität beurteilen	*Wie gut?*
10	Ergebnisse verwerten	*Wozu?*

Mit dem Gegenstand einer Evaluation ist derjenige Ausschnitt aus unserem Alltagsgeschäft gemeint, der untersucht, das heißt beschrieben und bewertet werden soll. Zum Beispiel: „Die Formen der Gewalt bei männlichen Hauptschülern im Jugendzentrum." Die Fragestellung einer Evaluation ist – darauf aufbauend – nichts anderes als der in Frageform gebrachte Gegenstand. Es soll durch eine Fragestellung zum Ausdruck gebracht werden, in welcher besonderen Hinsicht der Gegenstand interessant erscheint (und in welcher vielleicht eher nicht). Zum Beispiel: „Wie hat sich die Gewalt bei männlichen Hauptschülern im Jugendzentrum im letzten Jahr verändert?" Oder: „Unter welchen Bedingungen tritt Gewalt bei männlichen Jugendlichen im Jugendzentrum besonders auf?" Ein Gegenstand lässt sich durch die Formulierung einer Fragestellung also noch weiter spezifizieren und genauer definieren. Ebenso ist eine Konkretisierung möglich, indem wir Hypothesen formulieren, also Vermutungen, die mögliche Antworten auf die gestellten Fragen zum Ausdruck bringen. Zum Beispiel: „Es hat eine Verschiebung hin zu mehr verdeckter, subtiler Gewalt, z.B. Erpressungen oder ähnlichem gegeben."

Eine solche intensive und detaillierte Beschäftigung mit dem Gegenstand der Evaluation gleich zu Beginn des Vorhabens macht Sinn. Je besser es nämlich gelingt,

- genau zu beschreiben, womit wir uns befassen wollen,

- dabei klare und eindeutige (d.h. von allen Beteiligten in gleicher Weise verstandene) Begriffe zu verwenden,

- auf Trennschärfe, d.h. auf eindeutige Abgrenzung gegenüber anderen Themen und Phänomenen zu achten,

desto weniger Schwierigkeiten werden später im Verlauf der Evaluation auftauchen. Außerdem erscheint es zweckmäßig – wenn Zeit und Umstände es zulassen – sich bevor es ‚richtig losgeht‘ möglichst intensiv, sozusagen in einer kleinen ‚Vorab-Exploration‘, mit dem Gegenstand und seinem Kontext, etwa der räumlichen Umgebung, in der er sich befindet, zu befassen. Einiges spricht auch dafür, möglichst viele der beteiligten und (direkt oder indirekt) betroffenen Personen schon hier, bei den Definitionsfragen zu beteiligen:

- Es entsteht eine breitere Identifikation mit dem Projekt, d.h. es ist im Verlauf auch eher mit Kooperation und Unterstützung zu rechnen.

- Durch Beteiligung entsteht mehr ‚politische Tragfähigkeit‘ (vgl. Schritt 2), d.h. die Wahrscheinlichkeit von Interessenkonflikten ist geringer.

- Das Risiko, dass etwas Wichtiges übersehen wurde, wird minimiert.

Im Verlauf vieler Selbstevaluationsvorhaben kommt es jedoch trotzdem vor, dass ein genau spezifizierter Gegenstand ‚mitten im Geschehen‘, etwa nach einem ersten Fragebogenrücklauf und dessen Durchsicht, nochmals verändert, stärker eingegrenzt oder auch erweitert werden muss. Die Ursache dafür ist in der Tatsache zu finden, dass der berufliche Alltag Sozialer Arbeit in aller Regel von sehr komplexen Problemlagen und unübersichtlichen Konstellationen gekennzeichnet ist. Einem methodisch geleiteten und dennoch flexiblen Umgang mit solchen Komplexitäten entspricht im Laufe der Evaluation konsequenterweise ein Vorgehen, das für Modifikationen offen ist. Wir sollten diesen Umstand nicht als mangelnde Stringenz und fehlende Regelgeleitetheit sondern als Stärke interpretieren: als besonders praxisorientiertes und alltagsnahes Beschreiben und Bewerten Sozialer Arbeit!

All dies enthebt uns jedoch nicht einer wichtigen Entscheidung: Wie eng bzw. wie weit soll ein Gegenstand grundsätzlich gefasst werden? Wie offen und allgemein bzw. wie spezifisch und konkret soll eine Fragestellung formuliert werden? Hier gilt (die Begründung dafür folgt im nächsten Kapitel): Je ‚größer‘ der Gegenstand, desto umfangreicher das Evaluationsprojekt. Das heißt im Umkehrschluss: Je geringer die Ressourcen, die uns zur Verfügung stehen, desto kleiner sollten wir zunächst den Ausschnitt aus unserem Alltagsgeschäft wählen, mit dem wir uns beschreibend und bewertend befassen wollen. Auch die Einsicht, dass in einer Einrichtung oder einem Team bisher keine oder nur wenig Erfahrungen mit Selbstevaluationsvorhaben gesammelt wurden, spricht dafür, zunächst einmal ‚kleine Brötchen zu backen‘. Möglicherweise lässt sich der erste Durchlauf ja auch erst einmal als ‚Übungsphase‘ definieren. Eine Ausweitung ist im Nachhinein – wenn's denn gut läuft – in aller Regel recht unproblematisch. Trotzdem zeigt die Erfahrung, dass es vielen KollegInnen sehr schwer fällt, sich in der Auswahl dessen, was interessant und wichtig erscheint, einzugrenzen. Das endlich geweckte Erkenntnisinteresse kann nur schwer wieder beschränkt werden. Außerdem verlangt eine gemeinsame, möglichst im Konsens getroffene Entscheidung für das ‚Wesentliche‘ ein Maß an Urteilskraft, das oftmals schwer zu leisten ist. Denn: Hier ist weniger mehr, aber: Nach welchen Kriterien, so ist zu fragen, wird ein Aspekt gegenüber einem anderen als wichtiger oder unwichtiger eingestuft? An dieser Stelle lohnt sich ein intensives (aber nicht unendliches) Abwägen von Argumenten unter möglichst vielen Beteiligten. Mögliche Prüffragen zur Bestimmung des ‚richtigen‘ Gegenstands könnte sein:

- Welches sind derzeit unsere ‚Schlüsselstellen‘, zentrale Anliegen, ‚Alleinstellungsmerkmale‘?

- Wo sehen wir entscheidende Knackpunkte, Reibungsverluste, Unstimmigkeiten in unseren Konzepten?

- An welchen Stellen werden derzeit fachliche oder politische Diskussionen innerhalb oder über unsere Einrichtung geführt?

- An welchen Stellen existieren aktuell Finanzierungsprobleme bzw. Bedarfe an zusätzlichen Drittmitteln?

- Wo stehen wir unter Legitimationsdruck und müssen evtl. Wirkungen unserer Dienstleistungen nachweisen?

- In welchen Bereichen besteht ein akuter Bedarf an Konzeptions- oder Organisationsentwicklung?

Das Ziel des dritten Arbeitsschrittes ist schließlich erreicht, wenn ein schriftlich niedergelegtes Einvernehmen darüber besteht, wie der Gegenstand der Evaluation möglichst klar und eindeutig bezeichnet wird und welche Fragestellungen in diesem Zusammenhang als besonders wichtig erachtet werden.

Checkliste Bestimmung des Gegenstands	✓
• Konnte bei der Entscheidung über den Evaluationsgegenstand Konsens hergestellt werden?	
• Entspricht die Größe des Gegenstands den zur Verfügung stehenden Ressourcen?	
• Sind die Begriffe zur Beschreibung des Gegenstands für alle Beteiligten klar und eindeutig?	
• Wurde über eine ‚Gegenstandserkundung‘ (‚von allen Seiten aus vorbehaltlos betrachten‘) nachgedacht?	

Praxisbeispiel: Gegenstandsbestimmung
im Bereich der Hilfen zur Erziehung

Im Jugendamt einer Großstadtkommune wurde für die Abteilung Hilfen zur Erziehung (§§27ff) ein so genanntes FC-Team gegründet. FC steht dabei für ‚fachliches Controlling‘ und damit für die Absicht, unter fachlichen Gesichtspunkten zur Qualitätsentwicklung im Bereich der Hilfen zur Erziehung beizutragen. Dies sollte vor allem mit den Methoden einer internen Selbstevaluation geschehen. Nachdem alle

Ressourcen- und Bedingungsfragen geklärt waren, stand in einer ersten Klärungsphase mit einem externen Berater für das 5-köpfige Team die Frage im Mittelpunkt, was denn Gegenstand der Analysen im kommenden Jahr sein sollte. Übereinstimmung konnte sehr schnell darüber hergestellt werden, dass es die zentrale Aufgabe ist, Bedingungen zu benennen und zu identifizieren, unter denen die Arbeit in den Einrichtungen der Jugendhilfe, die Tätigkeiten der BezirkssozialarbeiterInnen des Allgemeinen Sozialdienstes und des Innendienstes verbessert, d.h. letztlich pädagogisch effektiver und unter wirtschaftlichen Gesichtspunkten effizienter gestaltet werden könnte.

Bereits der erste Versuch einer Sammlung von relevanten Bedingungen zeigte allerdings, wie uferlos die Suche nach den entscheidenden Faktoren an dieser Stelle sein würde. War es nun sinnvoller, sich mit der Verselbstständigung der Jugendlichen zu befassen oder mit der Anzahl der für die KollegInnen zur Verfügung stehenden PC's. Recht schnell wurde deutlich: Der Gegenstand musste eingegrenzt werden. Ein erster sinnvoller und gleichzeitig nahe liegender Strukturierungsvorschlag gelang entlang der gesetzlichen Bestimmungen des KJHG. Die KollegInnen begannen, Einzelaufgaben der Abteilung zu unterscheiden (sozialpädagogische Familienhilfe, Inobhutnahme usw.) und vor dem Hintergrund der aktuellen Situation im Amt abzuwägen, wo denn besonderer Handlungs- und Entwicklungsbedarf bestand. Wo war sozusagen Qualitätssicherung besonders notwendig? Diese Suche nach den ‚Knackpunkten‘ führte schnell zur Feststellung, dass vor allem das Hilfeplanverfahren (§ 36) als gerade neu eingeführtes Instrument in letzter Zeit unter vielen Beteiligten für Unsicherheiten und Diskussionen gesorgt hatte. Anhand von Fragen wie z.B.

- ‚Wer ist alles am HPV beteiligt?‘
- ‚Was passiert alles entlang des HPV?‘
- ‚Welche Bedingungen sind entscheidend für den Erfolg eines HPV?‘

gelang es schließlich, den Gegenstand der Evaluation einzugrenzen, klar zu definieren und ihn von anderen Aufgaben (so gut dies aus der Sicht der Praxis möglich war) abzugrenzen.

Schritt 4: Operationalisierung des Gegenstandes

- Was genau soll untersucht werden?
- Wie kann ein Gegenstand messbar gemacht werden?
- Wie lässt sich der Gegenstand in der Praxis ‚abbilden'?
- Wie findet man Indikatoren, die etwas über den Gegenstand aussagen können?

1	Ziele festlegen	*Warum?*
2	Bedingungen klären	*Wann?*
3	Gegenstand bestimmen	*Was?*
4	Operationalisieren	*Was?*
5	Kriterien entwickeln	*Woraufhin?*
6	Informationsquelle auswählen	*Wen?*
7	Methoden entwickeln	*Wie?*
8	Daten erheben, auswerten	*Wie?*
9	Qualität beurteilen	*Wie gut?*
10	Ergebnisse verwerten	*Wozu?*

Im Anschluss an die Festlegung des Gegenstandes besteht der vierte Arbeitsschritt in der so genannten *Operationalisierung* des Gegenstandes. Operationalisierung bedeutet Konkretisierung und soll die Begriffe, mit denen wir unseren Gegenstand beschrieben und definiert haben, auf konkret ‚Beobachtbares' (der Erfahrung und damit der Erfassung Zugängliches) zurückführen. Sie ist sozusagen die ‚Messanleitung' an der Schnittstelle zwischen sozialer Wirklichkeit in unserem Berufsalltag einerseits und den allgemeinen, theoretischen Begriffen, die wir zu seiner Beschreibung verwenden, andererseits. Die Operationalisierung eines Gegenstands besteht also aus der Zuordnung von empirisch erfassbaren (beobachtbaren, erfragbaren ...) Indikatoren zu den allgemeinen, theoretischen Begriffen, mit denen der Gegenstand beschrieben wurde: Zufriedenheit etwa kann zum Ausdruck kommen durch ein sichtbares, also erfassbares Lächeln, Gewalt könnte sich zeigen durch Schläge, Kratzen,

Beißen usw., ein Indikator für Angst wäre möglicherweise das Zittern der Hände. Operationalisierung schafft die Voraussetzungen für die systematische Sammlung und Auswertung der Informationen über einen Gegenstand. Logisch betrachtet ist Operationalisierung ein Vorgang der Deduktion, d.h. der Ableitung von Konkretem aus Allgemeinem.

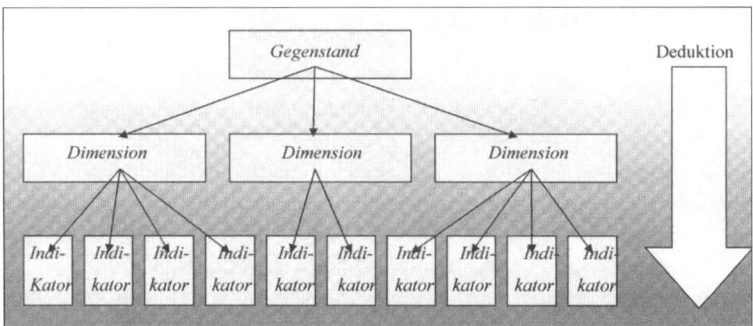

Dazu ‚zerlegen' wir unseren Gegenstand zunächst in einzelne, konkretere Dimensionen, diese dann in einem zweiten Schritt in erfassbare Indikatoren (vgl. Abbildung). Ein solches ‚Wurzelverzweigungsschema' ist für alle Operationalisierungsvorgänge anwendbar. Es unterscheidet sich von Fall zu Fall eigentlich nur im Hinblick auf

- *die Anzahl der Ebenen:* Hier ist es durchaus denkbar, dass bei einfachen Gegenständen die Dimensionsebene wegfällt. Genauso können aber auch zwei oder sogar drei solcher Ebenen notwendig sein, bis wir schließlich zu den konkreten Indikatoren auf der untersten Ebene gelangen. Mehr als 4-5 Ebenen sollten jedoch schon aus Gründen der Überschaubarkeit nicht gewählt werden.

- *die Anzahl der Verzweigungen:* Auch hier kann die Anzahl je nach Gegenstand sehr variieren. Sinnvoll erscheint die Abwägung „So viel wie nötig – so wenig wie möglich"!

An dieser Stelle taucht erneut das Dilemma der notwendigen Eingrenzung (vgl. Schritt 3) auf: Einiges spricht dafür, möglichst viele Indikatoren, also praktisch relevante Aspekte bei der Operationalisierung zu berücksichtigen und mit zu erfassen. Andererseits sollte der Vorgang überschaubar bleiben. Je ausschnitthafter wir uns aber auf wenige Indikatoren verlassen, desto größer ist die Gefahr, dass wir andere mögliche

Informationen übersehen, deren Aussagekraft wichtig gewesen wäre und möglicherweise zu ganz anderen Ergebnissen geführt hätte. Letztlich handelt es sich hier um ein nicht grundsätzlich lösbares Dilemma, in dem alle PraxisforscherInnen stecken.

Praxisbeispiel: Operationalisierung
des Hilfeplanverfahrens im Jugendamt

Die KollegInnen des FC-Teams im Jugendamt (vgl. vorheriges Praxisbeispiel) haben sich jedenfalls auch nach intensiven Eingrenzungsbemühungen sehr schwer getan. Sie haben nämlich festgestellt, dass auch der schon eingegrenzte Gegenstand ‚Hilfeplanverfahren' immer noch sehr groß ist. Schon die ersten Operationalisierungsversuche zeigten, dass bei genügend langer Suche die Anzahl der Ebenen sehr groß und damit die Zahl der Einzelindikatoren gigantisch werden würde. Allerdings, nach einer Phase der Abwägung wurde schnell deutlich: Die KollegInnen waren entschlossen (nicht zuletzt natürlich deshalb, weil ihnen genügend Zeit und Ressourcen zur Verfügung standen), zumindest den Teilgegenstand ‚Hilfeplanverfahren' in ihrem Zuständigkeitsbereich vollständig unter die Lupe zu nehmen. Und so wurde das Operationalisierungsschema notwendigerweise sehr groß. Es bestand aus insgesamt 118 Indikatoren, die im Schaubild jeweils am Ende der Wurzelverzweigungen stehen.

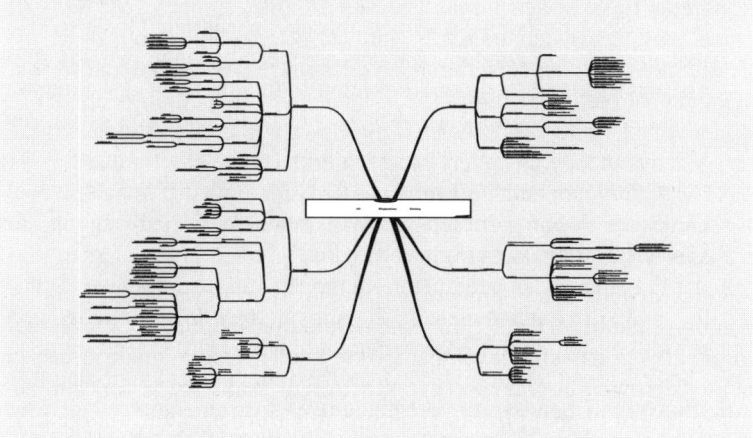

Durch eine geeignete Darstellungsform in Gestalt eine so genannten ‚Mind-map' hatte es letztlich aber nur wenig an Übersichtlichkeit eingebüßt. In einer vergrößerten Darstellung auf DIN A 0 kann für alle Beteiligten nachvollzogen werden, welche Indikatoren nun letztlich aus der Sicht der beteiligten KollegInnen entscheidend für die Qualität des Hilfeplanverfahrens sind. Die Operationalisierung war gelungen. Bei der hier notwendigerweise stark verkleinerten grafischen Darstellung kann allerdings nur ein optischer Gesamteindruck entstehen.

Die notwendige Urteilskraft für die im Einzelfall richtige Entscheidung kann bei Selbstevaluationsvorhaben nur der Praxiserfahrung und der Fachlichkeit der Beteiligten entspringen – und dem beharrlichen Diskurs im Team über die beiden entscheidenden Fragen in diesem Zusammenhang:

- Treffen die Indikatoren den definierten Gegenstand auch wirklich, oder verlassen wir uns auf Indikatoren, die in Wirklichkeit andere, ähnliche Phänomene bezeichnen? *(Trennschärfe)*

- Treffen die gewählten Indikatoren den Gegenstand einigermaßen vollständig oder fehlen wesentliche Bestandteile, die auch zwingend zum Gegenstand gehören? *(Vollständigkeit)*

Diese beiden Kriterien Trennschärfe und Vollständigkeit haben eine besondere Bedeutung: In logisch umgekehrter Richtung wird nämlich bei der Auswertung der gesammelten Informationen vorgegangen: Von den konkreten Ergebnissen auf der Ebene der Indikatoren wird auf den ‚Zustand' des Gegenstandes sozusagen ‚zurück geschlossen'. Durch die Zusammenschau der Ausprägungen aller ausgewählten Indikatoren entsteht ein Bild des Forschungsgegenstandes. Je größer die Anzahl der Indikatoren ist, desto eher haben wir die Gewähr, dass sich Ungenauigkeiten, Verzerrungen und andere Messfehler bei einzelnen Indikatoren auf das Gesamtergebnis nicht negativ auswirken.

So sehr dieser Vorgang der Operationalisierung logisch also bereits auf die Auswertung der Daten (Schritt 8) verweist, so wenig ist er zu trennen von der Frage nach den geeigneten Methoden und Instrumenten (Schritt 7), die uns in die Lage versetzen, die notwendigen Informationen über die gewählten Indikatoren sammeln zu können. Denn: Operationalisierung heißt Messanleitung, ist also letztlich auch eine Methodenfrage. Allerdings brauchen wir, um die geeigneten Instrumente auch auswählen zu können, Überlegungen zu zwei weiteren wichtigen Punkten:

84

- Bei jeder Messung muss ein Maßstab festgelegt werden, eine ‚Messlatte', die notwendig ist, um über die Ausprägung, den ‚Zustand' des jeweiligen Indikators etwas sagen zu können (Schritt 5).

- Die Entscheidung über die richtige Wahl oder Entwicklung einer sinnvollen Methode zur Sammlung von Informationen hängt außerdem ganz wesentlich davon ab, woher wir diese Informationen beziehen, wer oder was uns also letztlich als Informationsquelle dient (Schritt 6).

Checkliste Operationalisierung	✓
• Fehlen wichtige Indikatoren, die den Gegenstand repräsentieren?	
• Sind alle Indikatoren den richtigen Dimensionen zugeordnet?	
• Ist die Zuordnung der Indikatoren zu den einzelnen Dimensionen eindeutig? Gibt es im Team dabei Meinungsverschiedenheiten?	
• Wie könnten Regeln lauten, die eine Zuordnung eindeutig machen?	
• Gibt es Indikatoren, die sich nicht einer der Dimensionen zuordnen lassen? Muss eventuell noch eine zusätzliche Dimension aufgenommen werden?	

Praxisbeispiel: Operationalisierung des Gegenstands
Gewalt in der Offenen Jugendarbeit

In einem Kooperationsprojekt zwischen Kreisjugendring und einer Hauptschule geht es um die Entwicklung neuer gemeinsamer Maßnahmen zur Gewaltprävention. Im Vorfeld muss dabei etwas über das Ausmaß an Gewaltbereitschaft bei den Jugendlichen mit dem Ziel herausgefunden werden, nach Ablauf des Projekts auch einschätzen zu können, ob sich durch die sozialpädagogische Arbeit positive Veränderungen im Verlauf des Projekts ergeben haben.

können, ob sich durch die sozialpädagogische Arbeit positive Veränderungen im Verlauf des Projekts ergeben haben.

Der theoretische Begriff ‚Gewalt‘ muss dazu zunächst operationalisiert, d.h. in seine erfassbaren, beobachtbaren ‚Bestandteile‘ zerlegt werden. Dazu werden in einem ersten Schritt die drei Dimensionen ‚körperliche Gewalt‘, ‚psychische Gewalt‘ und ‚Gewalt gegen Sachen‘ gewählt. Danach werden diese drei Dimensionen in einem zweiten Schritt jeweils in einzelne Indikatoren ‚zerlegt‘, die letztlich im Projektalltag beobachtbar bzw. erfragbar sind, wie z.B.

- Anzahl der Schlägereien für die Dimension ‚körperliche Gewalt‘,

- Anzahl der Erpressungsversuche für die Dimension ‚psychische Gewalt‘,

- Anzahl der Zerstörung von Werkzeugen oder Material für die Dimension ‚Gewalt gegen Sachen‘.

Nur so kann letztlich etwas über Ausmaß, Qualität und Veränderungen von Gewalt in einem Projekt ausgesagt werden.

Ein entsprechendes ‚Operationalisierungsschema‘, in das der Gegenstand, seine Dimensionen und schließlich die einzelnen ‚messbaren‘ Indikatoren eingetragen werden, könnte dann folgendermaßen aussehen:

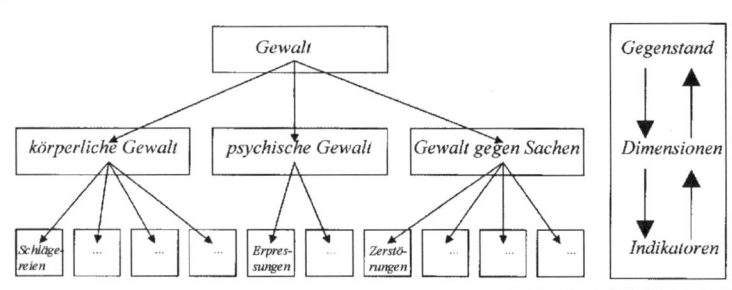

Schritt 5: Bewertungskriterien entwickeln

- Welche Maßstäbe zur Beurteilung werden bei der Evaluation angelegt?
- Wie können Bewertungskriterien entwickelt werden?
- Welche Wertentscheidungen stehen dabei im Hintergrund?

1	Ziele festlegen	*Warum?*
2	Bedingungen klären	*Wann?*
3	Gegenstand bestimmen	*Was?*
4	Operationalisieren	*Was?*
5	Kriterien entwickeln	*Woraufhin?*
6	Informationsquelle auswählen	*Wen?*
7	Methoden entwickeln	*Wie?*
8	Daten erheben, auswerten	*Wie?*
9	Qualität beurteilen	*Wie gut?*
10	Ergebnisse verwerten	*Wozu?*

Evaluieren heißt beschreiben *und bewerten*. ‚Value‘ steckt in Evaluation und ist der englische Begriff für ‚Wert‘. Werte spielen also eine ganz entscheidende Rolle, vor allem in dieser Phase einer Selbstevaluation. Werte sind ja sogar die unbedingte Voraussetzung, wenn es darum geht, die zunächst nur gesammelten Informationen einer Bewertung und Interpretation (Schritt 8), schließlich einer Verwertung (Schritt 10) zu unterziehen. Die Kriterien, die wir benötigen, um die inzwischen definierten Indikatoren auch bewerten zu können, sind nun nichts anderes als unsere ‚Messlatten‘, die aus Wertentscheidungen hervorgehen, die von uns getroffen wurden und die unserem praktischen beruflichen Handeln zu Grunde liegen.

Wenn etwa das Team einer Familienberatungsstelle versucht, seinen Beratungserfolg im Zusammenhang mit problematischen, ‚gewaltorientierten‘ Familiensituationen zu bewerten, könnte ein wichtiger Indikator der Alkoholkonsum des Vaters sein. Ein mögliches Kriterium für die

Bewertung dieses Indikators wäre dann: *„Je weniger Alkohol, desto größer der Erfolg der Intervention. "* Das Werturteil, das dahinter steckt lautet: *„Alkohol ist schlecht, weil er der Verdrängung der Probleme dient. "* Ein ganz anderes Kriterium zur Bewertung des Indikators ‚Alkoholkonsum des Vaters‘ könnte lauten: *„Das Erlernen eines bewussten und kontrollierten Umgangs mit Alkohol ist ein Beratungserfolg. "* Hier verbirgt sich möglicherweise ein ganz anderer Wert, nämlich: *„Gewaltfreiheit in der Familie ist oberstes Ziel. ‚Abstinenzdruck' auf den Vater erhöht dagegen das Gewaltpotenzial nur unnötig. "*

Solche Entscheidungen – das ist eine ganz wichtige Einsicht an dieser Stelle – treffen wir *immer*, bewusst oder unbewusst, ausgesprochen oder ‚nebenher‘. Es ist notwendig, sie zu treffen, wenn es darum geht, Aussagen darüber zu machen, ob etwas als eher gut oder schlecht, als zu viel oder zu wenig, als eher positiv oder eher negativ zu bewerten ist. Werturteile sind also immer mit im Spiel, eine wertfreie, objektive Evaluation gibt es nicht.

Nun sind ganz unterschiedliche Arten von Werten, ganz verschiedene Quellen für unsere Wertentscheidungen denkbar. Unsere Bewertungskriterien können etwa hervorgehen aus

- den Zielen oder Leitbildern einer Organisation,

- der Konzeption einer Einrichtung,

- den rechtlichen Grundlagen und Bestimmungen, die für ein bestimmtes Feld der Sozialen Arbeit relevant sind (z.B. dem KJHG),

- unterschiedlichen politischen, z.B. demokratischen oder anarchistischen, liberalen oder auch rechtsradikalen Idealvorstellungen,

- den fachlichen Standards, die in einem Berufsverband (z.B. dem DBSH) entwickelt wurden,

- den sozialen Normen in einem gesellschaftlichen Teilsystem (z.B. in einem Stadtteil),

- den erwarteten oder vermuteten Bedürfnissen einer Klientel bzw. der Kundschaft verschiedener Dienstleistungen der Sozialen Arbeit oder aus

- den selbst erarbeiteten, d.h. konsensual beschlossenen und für gültig erklärten Zielen und Vorstellungen in einem Team, das sich für ein Selbstevaluationsprojekt entschieden hat.

Weil die Vielfalt der Möglichkeiten sehr groß ist und die unterschiedlichen Quellen für solche Werturteile auch nur bedingt miteinander vergleichbar sind, ist zunächst ein schlichtes Eingeständnis sehr hilfreich: „Auch wir legen unseren Bewertungen Werturteile zu Grunde. Wir ziehen daraus die Konsequenz: Wir werden unsere Werturteile offen legen." Der Prozess der Bildung von Kriterien und ihrer Anwendung muss also transparent gemacht werden. Die Kriterien und Wertentscheidungen müssen offen gelegt, begründet und legitimiert werden. Erst durch die Offenlegung der zu Grunde liegenden Wertentscheidungen können die Ergebnisse einer Evaluation, die ja den bewertenden Interpretationen entstammen, diskutierbar und kritisierbar werden.

Konkret bedeutet dies, dass wir bei größeren und komplizierteren Evaluationsvorhaben, deren Bewertungskriterien nicht vorgegeben oder von vornherein klar und eindeutig sind, zur Festlegung unserer Bewertungsmaßstäbe in drei Schritten vorgehen müssen:

- Alle möglichen Kriterien (und die dahinter steckenden Werte und Werturteile) müssen unter den an der Evaluation Beteiligten zur Diskussion gestellt werden.

- Es muss eine Entscheidung für bestimmte Kriterien getroffen und möglichst schriftlich festgehalten werden.

- Es sollte der Versuch unternommen werden, die Entscheidung für diese (und damit gegen andere) Kriterien zu begründen und nachvollziehbar zu rechtfertigen.

Nach aller Erfahrung gestaltet sich dieser Prozess der Offenlegung, der Festlegung und der Begründung von Kriterien für eine Evaluation umso konfliktreicher, je größer die Anzahl der Beteiligten ist. Als eine wichtige Hilfe hat sich in diesem Zusammenhang daher immer wieder das Bilden von so genannten ‚Ankerbeispielen' herausgestellt: Es fällt meist viel leichter, aus der Praxis heraus anhand konkreter Situationen, Erfahrungen oder Konstellationen zu beurteilen, worauf denn Bewertungen wirklich beruhen. Es ist also sinnvoll, sich die Frage zu stellen: „Woran würden wir erkennen,

- dass sich etwas eher negativ entwickelt,

- dass etwas aus unserer Sicht zufrieden stellend ist,

- dass wir den Zielen des KJHG wieder ein Stück näher gekommen sind,

- dass ein bestimmtes Ziel erreicht ist,

- dass unsere Arbeit den Bedürfnissen unserer BesucherInnen entspricht,

- dass sich etwas verbessert hat?"

Analog zu den verschiedenen Arten und Quellen für Bewertungskriterien (siehe oben) kann also der konkretisierte Entscheidungshintergrund erschlossen und beschlossen werden. Vor allem bei größer angelegten Evaluationsvorhaben lohnt es sich, an dieser Stelle sehr genau zu arbeiten, weil hier Weichenstellungen mit weit reichenden Konsequenzen für die Anwendung der Ergebnisse und damit für weitere Interventionen in der Praxis vollzogen werden. Eine hervorragende Arbeitshilfe bei der Formulierung von gemeinsamen Zielen in Teams der Sozialen Arbeit ist der Leitfaden von Wolfgang Beywl und Ellen Schepp-Winter (1999), in dem Zielfindungs- und Zielklärungsprozesse sehr anschaulich und systematisch analysiert und mit vielen methodischen und didaktischen Hilfen für die Praxis unterstützt werden.

Wie vielfältig die Entscheidungsmöglichkeiten prinzipiell sind, zeigt der folgende Kriterienkatalog, der aus der beruflichen Erwachsenenbildung stammt und davon ausgeht, dass es sinnvoll sein kann, zunächst einmal vier verschiedenen Arten oder Grundtypen möglicher Bewertungskriterien voneinander zu unterscheiden (vgl. auch das Praxisbeispiel dazu):

Input-Kriterien	Durchführungs-Kriterien	Output-Kriterien	Transfer-Kriterien
• Konzeption • Planung • Qualifikation des Lehr personals • Räumliche Ausstattung • Information	• Organisation • Technik • Didaktik • Themen • Lehrpläne • Teilnehmer-auswahl	• Zufrieden-heit der Teil-nehmerInnen • Lernerfolgs-kontrolle • Vermittlungs-quote	• Umsetzung des Gelernten • Verhaltens-änderung • Arbeitsplatz-orientierung • Ökonomischer Erfolg

(in Anlehnung an Beywl & Schepp-Winter,1999, S. 96)

Allerdings gibt es auch wichtige Einschränkungen dieser prinzipiellen Vielfalt: Mit der Bestimmung des Gegenstandes (Schritt 3) und seiner Operationalisierung in Form von Indikatoren (Schritt 4) sind für die Kriterienwahl (Schritt 5) schon wichtige Vorentscheidungen gefallen. Die Kriterien müssen zum Gegenstand und seinen Indikatoren passen, sie müssen sich als ‚Messlatten' eignen. Mit der Skala eines Meterstabes lässt sich weder die Höhe noch die Angemessenheit der Wassertemperatur in einer Badewanne beurteilen.

Checkliste: Verschiedene Arten von Bewertungskriterien	✓
• Orientierung an Leitbild oder Konzeption einer Einrichtung	
• Erfüllung rechtlicher Normen	
• Erreichung von Idealvorstellungen oder Standards	
• Befriedigung von Bedürfnissen der KlientInnen, Kunden, TeilnehmerInnen, BesucherInnen	
• Selbst formulierte und festgelegte Ziele	

Praxisbeispiel: Entwicklung von Bewertungskriterien
in der beruflichen Erwachsenenbildung

Ein großer Bildungsträger ist dabei, ein internes QM-System zu installieren, innerhalb dessen Selbstevaluationsprojekte bewusst vorgesehen sind, um die Eigenverantwortlichkeit der MitarbeiterInnen für die Qualität ihrer Arbeit zu erhöhen. In einer der vielen Abteilungen der Einrichtung werden Maßnahmen zur Qualifizierung und beruflichen Wiedereingliederung von langzeitarbeitslosen Erwachsenen durchgeführt. Im Team arbeiten einerseits SozialpädagogInnen, die für die Begleitung der TeilnehmerInnen, die Durchführung von berufsdiagnostischen Verfahren und für die Organisation von Praktika verantwortlich sind und andererseits Lehrkräfte, die den Unterricht übernehmen. Im Vorfeld der Entscheidung über ein geeignetes Vorgehen zur Evaluation der eigenen Arbeit in der Maßnahme ist es im Team zu einer heftigen Debatte um die Frage gekommen, was denn ‚gute' Maßnahmen sind, oder – genauer formuliert – woran denn der Erfolg der Maßnahmen gemessen werden kann. Die Vorgabe der Arbeitsverwaltung als Kostenträger ist klar: Eine Maßnahme ist umso besser gelaufen, je höher die so genannte Vermittlungsquote ist. Schnell wird aber deutlich, dass viele andere, unter fachlichen Gesichtspunkten viele wichtigere Kriterien zur Bewertung herangezogen werden sollten, nicht zuletzt, um die sozialpädagogische Qualität und die Bedeutung der Maßnahmen für die TeilnehmerInnen insgesamt stärker auch nach außen in den Vordergrund zu rücken. Als mögliche Kriterien werden diskutiert: die Zufriedenheit der TeilnehmerInnen, Lernerfolge, auch über die Inhalte des Unterrichts hinaus, der Einsatz neuer Medien, die Ausstattung mit Lernmaterialien und letztlich sogar die Frage, ob die Persönlichkeitsentwicklung der Betroffenen, z.B. im Hinblick auf eine erhöhte Selbstverantwortlichkeit, insgesamt gefördert werden konnte. Schnell wird deutlich, dass eine Evaluation nur dann Sinn macht, wenn eine Untersuchung der einzelnen Aspekte überhaupt realistisch ist und im Anschluss an die Evaluation Veränderungen in den untersuchten Bereichen ermöglicht werden können und auch aussichtsreich erscheinen. Nach dieser Überlegung beschließen die KollegInnen, sich bei ihrer Planung zunächst auf sehr wenige Indikatoren und – daran orientiert – auf folgende Bewertungskriterien zu beschränken:

- Fachlich und didaktisch qualifiziertes Personal für den Unterricht
- Angemessene technische Ausstattung der Lehrräume mit PCs
- Flächendeckende Werbung neuer TeilnehmerInnen
- Geeignete Maßnahmen zur Motivation der TeilnehmerInnen

Dazu war es nun nur noch notwendig zu konkretisieren, was die KollegInnen gemeinsam unter ‚qualifiziert‘, ‚angemessen‘, ‚flächendeckend‘ und ‚geeignet‘ verstehen wollen. Eine sukzessive Erweiterung der Selbstevaluation ist jederzeit möglich.

Schritt 6: Informationsquellen aussuchen

- Welche Quellen für die Sammlung von Informationen über die ausgewählten Indikatoren sind geeignet?
- Wie steht es um die Zugänglichkeit dieser Informations- und Datenquellen?
- Was ist zu tun, wenn zu viele Personen für eine Untersuchung in Frage kommen?

1	Ziele festlegen	*Warum?*
2	Bedingungen klären	*Wann?*
3	Gegenstand bestimmen	*Was?*
4	Operationalisieren	*Was?*
5	Kriterien entwickeln	*Woraufhin?*
6	Informationsquelle auswählen	*Wen?*
7	Methoden entwickeln	*Wie?*
8	Daten erheben, auswerten	*Wie?*
9	Qualität beurteilen	*Wie gut?*
10	Ergebnisse verwerten	*Wozu?*

Nachdem wir inzwischen wissen, welche Ziele wir mit unserer Evaluation verfolgen (Schritt 1) und worüber wir deshalb etwas erfahren wollen (Schritt 3 und 4), stellt sich nun die Frage, wer oder was als möglichst ergiebige Informationsquelle in Frage kommt. In aller Regel gibt es eine Vielzahl an Möglichkeiten:

- Bekommen wir die Daten von unseren TeilnehmerInnen, BesucherInnen, KlientInnen?
- Interessieren uns dabei alle oder nur extreme, d.h. besonders typische oder besonders abweichende Fälle?
- Lassen sich bestimmte Typen identifizieren, die stellvertretend für ganze Gruppen von BesucherInnen, TeilnehmerInnen oder KlientInnen untersucht werden können?

- Ist es sinnvoller, KollegInnen, Vorgesetzte, ExpertInnen, KooperationspartnerInnen oder MitarbeiterInnen aus anderen Einrichtungen zu befragen?

- Sind wir selbst eine wichtige (wenn auch methodisch nicht ganz unproblematische) Informationsquelle für die Bewertung unserer Arbeit?

- Gibt es wichtige Dokumente, Akten, Aufzeichnungen, Protokolle, Filme, Bilder, Audio- oder Videokassetten, deren Aus- und Bewertung Aufschlüsse über unseren Gegenstand ergibt?

Vieles spricht dafür, sich vor allem bei umfangreicheren Evaluationsvorhaben nicht nur auf eine Informationsquelle zu verlassen. Je größer die Anzahl der Sichtweisen und Blickwinkel ist, aus denen auf den Gegenstand geschaut wird, desto vollständiger wird das Bild, das wir von ihm erhalten, und desto geringer wird das Risiko, dass eine ‚fehlerhafte‘ Informationsquelle zu massiven Verzerrungen und Verfälschungen der Ergebnisse führt. Durch einen einfachen Vergleich der Daten aus unterschiedlichen Quellen wird sehr schnell klar, ob es eher zu Übereinstimmungen oder zu Widersprüchen in unseren Ergebnissen kommt. Diese sehr hilfreiche Technik aus dem Bereich der Qualitativen Sozialforschung wird ‚Triangulation‘ (vgl. dazu ausführlich Flick, 2004) genannt. Der Begriff stammt aus der Vermessungstechnik, wo die genaue Bestimmung von Größe, Form und Entfernung von Gegenständen dadurch gelingt, dass sie aus verschiedenen Richtungen und Winkeln gemessen werden. Eine solche Haltung des ‚Verschiedene-Standpunkte-Einnehmens‘ kann auch immer wieder zu überraschenden, neuen Sichtweisen und Interpretationen führen, die bisher noch gar nicht bedacht worden sind. Selbstverständlich ist es notwendig, den enormen Aufwand, der durch eine solche ‚multiperspektivische‘ Datenerhebung entstehen könnte, im Blick zu behalten, denn Selbstevaluationsprojekte unterliegen natürlich auch dem Bewertungskriterium der Effizienz: Der betriebene Aufwand muss nicht nur unter den gegebenen Bedingungen (vgl. Schritt 2) realistischerweise zu bewältigen sein. Er muss auch in einem angemessenen Verhältnis zu den erwarteten Ergebnissen und den damit verbundenen Verwertungsinteressen der Beteiligten stehen (vgl. Schritt 10). Nicht immer bringen die komplizierteren Zugänge auch die aussagekräftigeren Ergebnisse. Wenn es z.B. darum geht, etwas über die Zufriedenheit der BesucherInnen eines Volkshochschulkurses zu erfahren, reicht in aller Regel wirklich eine kurze und einfache Befragung am Ende aus, um ein genügend zutreffendes Ergebnis zum ‚Evaluationsgegenstand Zufriedenheit' zu erhalten.

Ein weiterer Aspekt muss im Zusammenhang mit der Auswahl der Informationsquellen bedacht werden: Immer dann nämlich, wenn nicht alle von uns ausgewählten Beteiligten (z.B. alle SchülerInnen der bisherigen Kurse) für die Erhebung der Daten zur Verfügung stehen oder eine solche Gesamterhebung aus anderen (organisatorischen oder Kapazitäts-) Gründen nicht möglich ist, muss eine so genannte Stichprobe gezogen werden: Es wird nur eine Auswahl von Mitgliedern dieser so genannten Grundgesamtheit, über die anhand der Evaluation Aussagen gemacht werden sollen, untersucht. Diese Stichprobe hat dann die Aufgabe, ein verkleinertes Abbild der Grundgesamtheit (alle SchülerInnen) hinsichtlich der für den Gegenstand relevanten Indikatoren abzugeben. Wenn nicht durch die praktischen Gegebenheiten sowieso schon festgelegt ist, welche Mitglieder der Grundgesamtheit für die Erhebung zur Verfügung stehen (z.B.: Alle anderen SchülerInnen sind schon im Urlaub), gibt es grundsätzlich zwei verschiedene Möglichkeit der so genannten ‚Ziehung einer Stichprobe':

- *Die einfache Zufallsauswahl.* Hier haben (idealerweise) alle Mitglieder der Grundgesamtheit die gleiche Chance, in die Stichprobe zu gelangen. Klassisches Beispiel: Mit verbundenen Augen Namenszettel aus einer Kiste ziehen, deren Inhalt gut gemischt ist.

- *Die geschichtete Stichprobe.* Hier werden die ‚Kandidaten' für die Stichprobe gezielt ausgewählt, und zwar nach Kriterien, die dafür sorgen, dass alle uns wichtigen Merkmale in der Stichprobe anteilig genauso enthalten sind wie in der Grundgesamtheit. Z.B.: Der Frauenanteil unter den Befragten soll so groß wie in der Gesamtgruppe der SchülerInnen sein. Oder: Es soll vermieden werden, dass überproportional viele jüngere SchülerInnen befragt werden. Der hier zu Grunde liegende Maßstab für die Bildung der Stichprobe wird Repräsentativität genannt.

Darüber hinaus gilt es einen letzten, aber sehr wichtigen Aspekt zu beachten. Wenn im Zuge der Planung des Evaluationsvorhabens die Entscheidung für eine oder mehrere Informationsquellen zur Erhebung der Daten gefallen ist, ist es unerlässlich, noch einen prüfenden Blick auf drei mögliche Realisierungsprobleme zu werfen:

- *Störeffekte in der Praxis.* Nicht selten wird im Verlauf einer Untersuchung erst spät klar, dass die als bestmögliche ausgewählte Stichprobe aus praktischer Sicht nicht zur Verfügung stehen kann. Den KlientInnen einer sozialpsychiatrischen Tageseinrichtung etwa sind die geplanten Interviews über die Qualität der Beratungsangebote nicht zumutbar, weil durch solche Gespräche möglicherweise gefährliche Regressionseffekte entstehen könnten. (Auf diesen Punkt werden wir zurückzukommen haben, wenn es in Schritt 7 um die Auswahl der Erhebungsmethoden geht).

- *Zugänglichkeit der Datenquellen.* Möglicherweise stehen uns Personen, die wir für besonders informiert bzw. informativ halten, aus örtlichen, zeitlichen, motivationalen oder gar juristischen Gründen als Datenquelle gar nicht zur Verfügung. Es lohnt sich immer, die Zugangsmöglichkeiten zu erwarteten Informationen bei der Auswahl der Stichprobe gleich mit zu überprüfen.

- *Rücklaufquoten bei Fragebogenerhebungen.* Ein besonderes Problem, auch im Hinblick auf die Wahl geeigneter Erhebungsmethoden (Schritt 7), stellt in der Regel die geringe Motivation dar, mit der TeilnehmerInnen von schriftlichen (vor allem postalischen) Befragungen bereit sind, die gewünschten Informationen in der vorgegebenen Zeit zu liefern. Deprimierende Rücklaufquoten von 10% und weniger sind keine Seltenheit. Dass dies nicht nur die Menge der Information stark reduziert, sondern auch zur Ursache von ungünstigen Verzerrungseffekten bei den Ergebnissen führen kann, liegt auf der Hand. Es lohnt sich also, Maßnahmen einzuplanen, die die Motivation der Befragten wesentlich erhöhen (persönliche Kontaktaufnahme, Information über Sinn und Zweck der Befragung, telefonische Nachfragen, Anreize wie z.B. ein kleines Preisausschreiben ...).

Im Übrigen lohnt sich auch bei diesem Arbeitsschritt eine Dokumentation des Verfahrens. Wenn festgehalten wurde, wie eine bestimmte Untersuchungsgruppe zu Stande gekommen ist, welche Gründe für das Ziehen einer Stichprobe oder auch dagegen gesprochen haben, dann macht dies die Ergebnisse und die Zulässigkeit von Schlussfolgerungen nachvollziehbarer und erhöht damit auch die Glaubwürdigkeit der gesamten Evaluation gegenüber Aussenstehenden und Nichtbeteiligten.

Checkliste Auswahl der Informationsquellen	✓
• Sind die von uns ausgewählten ‚UntersuchungsteilnehmerInnen' im Hinblick auf ihr Wissen auch wirklich relevant für die Fragestellung? Können sie die notwendigen Informationen zu den ausgewählten Indikatoren auch wirklich liefern?	

• Haben wir zu den ausgewählten Personen auch wirklich Zugang, d.h.:
  • Erreichen wir sie mit unserem Vorgehen?
  • Sind sie motiviert, uns zu unterstützen?
  • Gibt es juristische (daten- oder personenschutzrechtliche) Bedenken?	

• Bei schriftlichen Befragungen kann der Rücklauf von Fragebögen durch folgende Maßnahmen gesichert und optimiert werden:
  • Zusätzliche Telefonate mit den Befragten.
  • Die nachvollziehbare Angabe von Sinn und Zweck auf dem Fragebogen, also z.B. der Ziele der Evaluation.
  • Identifikation der TeilnehmerInnen mit den Zielen des Projektes, z.B. das Gefühl einen Beitrag für eine ‚wichtige Sache' geleistet zu haben.
  • Zusätzliche Motivationsanreize, z.B. Preise unter den TeilnehmerInnen verlosen.	

Praxisbeispiel: Stichprobenauswahl
in einer stationären Einrichtung der Heimerziehung

Ein kleiner Verein ist Träger zweier Jugendwohngemeinschaften. Das Team einer der beiden Wohngruppen bietet seit einigen Jahren regelmäßig erlebnispädagogische Maßnahmen für die sechs überwiegend männlichen Jugendlichen an. Jeweils im Sommer finden Segeltörns, Berg- und Kletterfreizeiten oder Schlauchbootfahrten statt. Die KollegInnen sind von Sinn, Zweck und Wirkung dieser Angebote im Hinblick auf die Identitätsbildung und die Stabilisierung der Persönlichkeit der Jugendlichen überzeugt und berichten von enormen Lerneffekten bei der sozialen Kompetenz. Weil aber solche Maßnahmen mit enormen zusätzlichen Kosten verbunden sind, wird im Vorstand des Vereins vor dem Hintergrund einer zunehmend angespannten Finanzsituation und neuerlich anstehenden Pflegesatzverhandlungen verstärkt und kritisch über die Notwendigkeit der Erlebnispädagogik im Rahmen der Heimerziehung diskutiert. Die Frage steht im Raum, ob nicht ein solides Regelangebot nach § 34 KJHG ausreicht, um eine sinnvolle Versorgung und eine Förderung der Jugendlichen sicherzustellen.

Zur Klärung dieser Frage regen die KollegInnen aus der Wohngruppe eine kleine Untersuchung an, in der vor allem die Wirkung der erlebnispädagogischen Angebote auf die soziale Kompetenz kontrolliert und geklärt werden soll. Interviews mit den Jugendlichen und den verantwortlichen Betreuern sollen geführt und ein in Fachkreisen bekannter und anerkannter Fragebogen zur sozialen Kompetenz eingesetzt werden und zwar jeweils vor und nach den Maßnahmen, um Veränderungen feststellen zu können. Zu Kontrollzwecken wird beschlossen, die selben Interviews und Befragungen auch mit den Jugendlichen der anderen Wohngruppe durchzuführen. Allerdings leben dort nur Mädchen und weil bekannt ist, dass es gerade bei der sozialen Kompetenz große geschlechts-spezifische Unterscheide gibt, entscheiden sich die KollegInnen dazu, den Fragebogen zusätzlich an die BewohnerInnen anderer Jugendwohngemeinschaften mit der Bitte um rasche Bearbeitung zu schicken. Der Rücklauf betrug allerdings weniger als 10%, was Rückschlüsse auf die eigenen Ergebnisse als nicht zulässig erscheinen ließ.

Schritt 7: Methoden zur Datenerhebung entwickeln

- Mit welchen Methoden und Instrumenten können die notwendigen Informationen zur Beschreibung und Bewertung des Untersuchungsgegenstandes gesammelt werden?
- Was ist bei der Entwicklung von Erhebungsmethoden zu beachten?

1	Ziele festlegen	*Warum?*
2	Bedingungen klären	*Wann?*
3	Gegenstand bestimmen	*Was?*
4	Operationalisieren	*Was?*
5	Kriterien entwickeln	*Woraufhin?*
6	Informationsquelle auswählen	*Wen?*
7	Methoden entwickeln	*Wie?*
8	Daten erheben, auswerten	*Wie?*
9	Qualität beurteilen	*Wie gut?*
10	Ergebnisse verwerten	*Wozu?*

Erhebungsmethoden sind die zentralen Instrumente, sozusagen die wichtigsten Handwerkszeuge der EvaluatorInnen. Diese Methoden dienen der systematischen, von Regeln geleiteten und dadurch auch für Außenstehende nachvollziehbaren Sammlung von Informationen. Diese Informationen beschreiben das, was in unserem beruflichen Alltag geschieht – mit dem Ziel, dass wir uns ein geordnetes, überschaubares und dadurch schließlich beurteilbares Bild von (wir erinnern uns an die Definition von Selbstevaluation) *unserem Handeln* und *seinen Folgen* machen können. D.h., wir benötigen zum einen Methoden, mit denen wir unser eigenes berufliches Handeln dokumentieren können und zum anderen Instrumente, die das Verhalten, das Erleben und die soziale Wirklichkeit unserer KlientInnen, PatientInnen, TeilnehmerInnen und BesucherInnen erfassen. Wir haben es also mit zwei unterschiedlichen Arten von Datenerhebungsmethoden zu tun. Und weil grundsätzlich davon auszugehen ist, dass die Sammlung von Informationen ‚um uns herum‘

auf unserer Sinneswahrnehmung (also hauptsächlich auf Sehen und Hö-
ren) beruht, lassen sich wiederum *zwei Grundformen* der Informations-
sammlung unterscheiden, die im einen Fall eher auf visueller und im anderen Fall eher auf akustischer Wahrnehmung beruhen. Alle drei Typen,
Dokumentations-, Beobachtungs- und Befragungsmethoden, sollen
jetzt vorgestellt werden. Natürlich ist davon auszugehen, dass auch alle
Dokumentationsmethoden jeweils auf Beobachtung und/oder auf Befragung beruhen können – nur eben bezogen auf das eigene berufliche
Handeln der jeweiligen Fachkräfte.

Selbstevaluation meint die Be-schreibung und Bewertung ...	Dazu brauchen wir ...
... des eigenen beruflichen Han-delns ...	... Dokumentationsmethoden
... und seiner Auswirkungen.	... Beobachtungs- und Befragungs-methoden.

Dokumentationsmethoden: Wir halten das fest, was wir selber im Rah-
men unseres beruflichen Handelns tun.
Die erste wichtige Entscheidung betrifft zunächst den Zeitpunkt der Erfassung. Wir können unser berufliches Handeln entweder in seinem
Verlauf, also *direkt* erfassen oder *nachträglich* dokumentieren, also z.B.
im Anschluss an eine Beratungssitzung oder am Ende eines Arbeitstages. Dass bei einem größeren zeitlichen Abstand zu den Ereignissen
Vergessens- und Verzerrungseffekte eine unangenehme Rolle spielen
können, liegt auf der Hand. Auch kombinierte Verfahren sind denkbar,
etwa wenn wir mit einem kleinen Diktiergerät immer wieder (zu belie-
bigen Zeitpunkten) festhalten, was gerade geschehen ist und erst nach
längerer Zeit (etwa nach einer Woche) eine Gesamtdokumentation erstellen. In Situationen mit KlientInnenkontakt kann dabei die Entscheidung von Bedeutung sein, ob wir *verdeckt* dokumentieren (also z.B. ein
Tonbandgerät einfach mitlaufen lassen) oder dies *offen* tun. Beide Methoden haben ihre Nachteile und daher ist eine Abwägung notwendig:
Bei verdeckten Verfahren können moralische oder rechtliche Bedenken
den KlientInnen gegenüber bestehen, beim offenen Dokumentieren
kann es zur Verzerrung von Interaktionen und zu Störungen im Hand-

lungsablauf durch die Tatsache der Dokumentation an sich (Nervosität, Unsicherheiten ...) kommen.

In einem weiteren Schritt ist zu überlegen, mit welchen technischen Hilfsmitteln wir unseren Berufsalltag dokumentieren werden. Aufwändigen Methoden wie einer Audio- oder Videoaufzeichnungen steht das einfache ‚Papier & Bleistift‘-Verfahren gegenüber. Oft kann es vollkommen ausreichend sein, anhand eines einfachen Protokollbogens immer wieder kurze Aufzeichnungen oder Notizen zu machen, um bereits zu erstaunlich guten Dokumentationsergebnissen zu kommen. Allerdings können Videos oder Tonband-Cassetten ihrerseits wertvolles Datenmaterial darstellen, das eventuell später für weitere Zwecke (z.B. im Rahmen von Supervision, Weiterbildung oder Teamentwicklung) verwendet werden kann.

Die dritte Überlegung bei der Wahl der geeigneten Dokumentationsmethoden betrifft deren *Umfang*. Nachdem die Entscheidung über Evaluationsgegenstand und Indikatoren gefallen ist (Schritt 3 und 4), ist unser Ziel natürlich eine möglichst vollständige Erfassung dieser Indikatoren. Trotzdem macht es Sinn abzuwägen, ob z.B. Beratungsgespräche wirklich *vollständig* erfasst werden müssen oder ob es nicht ausreicht, einzelne *Aspekte und Kategorien* zu erfassen, die entsprechend den vorher festgelegten Indikatoren gebildet wurden. Je eindeutiger wir also operationalisiert haben, desto leichter fällt anschließend die Entwicklung einer Dokumentationsmethode, die gezielt das erfasst, was wir auch wissen wollen.

Diese Entscheidung ist allerdings auch abhängig vom Gegenstand unserer Evaluation. D.h. es ist grundsätzlich zu überlegen, ob eher *qualitativ-offen* dokumentiert werden soll (also z.B. ganze Beratungs- oder Interventionssequenzen erfasst werden sollen, weil sie uns als Ganzes interessieren) oder ob ein *quantitativ-geschlossenes* Verfahren bevorzugt werden soll. Letzteres ist wesentlich einfacher, weil bereits während der Sammlung der Informationen eine wesentliche Reduktion oftmals komplexer Zusammenhänge auf Zahlenwerte oder zusammenfassende Einschätzungen erfolgt. Im Zusammenhang mit der Datenaufbereitung und -auswertung (Schritt 8) werden wir auf diese wichtige Unterscheidung eingehender zu sprechen kommen.

Eine oft praktizierte und auch häufig sinnvolle Variante der rein quantitativen Dokumentation ist der Einsatz von Statistikbögen, die über bestimmte Gegenstände ausschließlich Zahlenmaterial erfassen (z.B. Teilnehmerzahlen, Rückfallquoten, Vermittlungserfolge, Verteilung von Alter, Geschlecht oder Nationalität in bestimmten Gruppen). Bei inhaltlich komplexeren Gegenständen kann es jedoch sinnvoller sein, der Dokumentation *inhaltliche* Kategorien zu Grunde zu legen (z.b. beim Konfliktverhalten von Eltern und Kindern in Beratungssituationen die Kategorien ‚konstruktiv' und ‚aggressiv' oder ‚verbal' und ‚non-verbal'). Wenn jedoch solche eigenen Kategorien gebildet werden sollen, müssen wir auf zwei Dinge besonders achten: Zum einen müssen die Kategorien den definierten Indikatoren des Evaluationsgegenstands entsprechend vollständig sein. Zum anderen ist darauf zu achten, dass die Benennung der Kategorien für alle Beteiligten eindeutig und zwischen den einzelnen Kategorien trennscharf ist. Unklarheiten bei der kategorialen Zuordnung von Fakten während der Dokumentation bilden eine enorme Fehlerquelle und führen leicht zu mangelhaften Ergebnissen.

Schließlich lohnt sich im Rahmen der Entwicklung von Dokumentationsmethoden immer auch die Frage, ob für den Zweck der geplanten Selbstevaluation nicht schon geeignete Dokumente zur Verfügung stehen (z.B. Anamnesen, Berichte, Protokolle oder Akten), die man auswerten könnte. Wenn etwa der Gegenstand einer Evaluation die Effizienz von Teambesprechungen in einer Einrichtung ist, so könnten die Protokolle des letzten Jahres analysiert werden.

Insgesamt gesehen erlauben Dokumentationsmethoden, wenn sie über einen längeren Zeitraum eingesetzt werden, eine aufschlussreiche Abbildung von Arbeitsprozessen. Deshalb sollten wir bei ihrem längerfristigen Einsatz im beruflichen Alltag besonderen Wert darauf legen, sie direkt in das berufliche Handeln zu integrieren, d.h. darauf zu achten, dass sie

- mit geringem Aufwand zu handhaben sind, sozusagen ‚nebenher mitlaufen',

- keine zusätzlichen Störeffekte im Alltag produzieren, und nach Möglichkeit

- für die Erledigung der regulären Aufgaben zusätzliche positive, so genannte Synergieeffekte produzieren.

Checkliste Einsatz von Dokumentationsmethoden	✓
• Bei vollständiger, z.B. wörtlicher Dokumentation: Zeitaufwand beachten und einplanen	
• Beim Einsatz von Audio- und Video-Dokumentationen: Einverständnis aller Beteiligten einholen	
• Bei nachträglicher Dokumentation (z.B. am Ende eines Arbeitstages): Vergessens- und Verzerrungseffekte minimieren, z.B. durch Üben, Merkstrategien, kollegiales Dokumentieren ...	
• Bei der Erarbeitung von Kategorien zur zusammenfassenden Dokumentation von Handlungsabläufen (z.B. Beratungssituationen): möglichst viele Fachleute (Team, KollegInnen von außen ...) beteiligen, um Vollständigkeit und Trennschärfe der Kategorien zu sichern.	
• Die flexible, rationelle und effiziente Einpassung von Dokumentationsmethoden in den Berufsalltag optimieren: • Was geht ‚nebenher'? • Welche Dokumente gibt es schon? (Protokolle, Akten, Anamnesen ...) • Welche Dokumentationsergebnisse können wir über die Selbstevaluation hinaus weiter verwenden? (Supervision, Weiterbildung, Teamentwicklung ...)	

Beobachtungsmethoden: Wir beschreiben das, was wir sehen, mitkriegen, erfahren, wahrnehmen.
Hier lassen sich zunächst *systematische* und regelgeleitete Beobachtungen (durch die Zuordnung von Beobachtungen zu vorher festgelegten Kategorien) von eher ‚*naiven*' Beobachtungen unterscheiden, die sozusagen ‚neugierig interessiert' versuchen, neue, noch nicht bekannte Phänomene und Zusammenhänge im Alltagsgeschäft zu ergründen. Weiterhin finden Beobachtungen entweder *teilnehmend* (BeobachterIn ist aktives Mitglied einer Gruppe und kann Gruppenprozesse jederzeit mit beeinflussen) oder nicht teilnehmend statt. Die passive Distanz erlaubt eine neutralere Beobachtung: Rückbeeinflussungen der Beobachteten und der Beobachten-

den durch die Beobachtungssituation werden vermieden. *Offene* Beobachtung, bei der die ‚ForscherIn' offiziell auftritt und die ‚Untersuchten' über Sinn und Zweck der Evaluation informiert, unterscheidet sich von *verdeckter* Beobachtung, bei der die Datenerhebung geheim bleibt. Hier bleibt die Tatsache, dass Daten erhoben werden, geheim. Im letzteren Fall ist natürlich die Frage zu klären, ob dies pädagogisch, juristisch oder auch moralisch überhaupt vertretbar ist.

Auf zwei typische Fehlerquellen sei an dieser Stelle hingewiesen: Es ist leicht möglich, dass wichtige Vorgänge wegen Ermüdung, Überforderung oder Ablenkung *überhaupt nicht* oder auf Grund falscher Erwartungen, Erwünschtheiten, Sympathie- oder Antipathieeffekten *verzerrt wahrgenommen* und dadurch falsch eingeordnet und beurteilt werden. Solche Fehler lassen sich nie ganz ausschließen. Sie lassen sich jedoch dadurch minimieren, dass die Rolle des Beobachters möglichst ‚unbedeutend' bleibt. Ebenso können KontrollbeobachterInnen eingesetzt oder kleine Beobachterschulungen vor Beginn der Datenerhebung durchgeführt werden.

Ein Beobachtungsleitfaden kann helfen, das Vorgehen bei der Datenerhebung zu strukturieren und methodisch abzusichern. Bei seiner Konstruktion sind allerdings Regeln zu beachten, deren Einhaltung anhand der folgenden Checkliste überprüft werden kann:

Checkliste Konstruktion von Beobachtungsleitfäden	✓
• Begriffe verwenden, die alle BeobachterInnen kennen, einheitlich verstehen und anwenden.	
• Auf den Beobachtungsbögen Raum für das Festhalten von unerwarteten Ereignissen und Phänomenen lassen.	
• Auf Übersichtlichkeit und leichte Handhabbarkeit der Beobachtungsbögen achten. Zu differenzierte und umfangreiche Bögen erhöhen das Fehlerrisiko.	
• ‚BeobachterInnenschulung' zur Einübung der konkreten Handhabung der Beobachtungsbögen lohnt sich: Mehrere Durchläufe machen, evtl. anhand einer Videoaufzeichnung üben, Fehler thematisieren und korrigieren.	

Checkliste Konstruktion von Beobachtungsleitfäden	✓
• Wahrnehmungsverzerrungen und ihre Ursachen sowie passende Gegenstrategien aufzeigen.	

Die zentralen *Vorteile* von Beobachtungsmethoden – etwa gegenüber Befragungsmethoden – bestehen darin, dass TeilnehmerInnen bzw. Ereignisse direkt im Alltag, zum Zeitpunkt des Geschehens (und nicht erst im Nachhinein) erfasst und dokumentiert werden. Darüber hinaus können solche Beobachtungen unabhängig von der Bereitschaft der Betroffenen zur Kooperation durchgeführt werden. Ob dies erlaubt und moralisch vertretbar ist, bleibt wie gesagt zu diskutieren und zu klären. Nachteile ergeben sich andererseits daraus, dass in einem solchen Setting Aussagen über alles nicht Sichtbare, z.B. über Motive, Einstellungen und Hintergründe bei den Beobachteten nicht möglich sind. Außerdem ist aus organisatorischen oder taktischen Gründen die Erfassung von Verhalten meist nur über kurze Zeiträume möglich und in der Regel mit einem sehr hoher Zeitaufwand verbunden.

Befragungsmethoden: Wir dokumentieren das, was wir als Reaktionen und Antworten auf die von uns gestellten Fragen bekommen.
Zunächst lassen sich mündliche Befragungen, also Interviews (die übrigens prinzipiell auch telefonisch möglich sind) unterscheiden von *schriftlichen* Befragungen in Form von Fragebögen, die entweder selbstständig von den Befragten (z.B. postalisch), mit Unterstützung der Fachkräfte oder sogar ‚unter Aufsicht‘, also sozusagen in einer Testsituation, bearbeitet werden. Befragungen werden des Weiteren nach dem Grad ihrer *Standardisierung* (je nachdem, wie genau die *Formulierung* der Fragen vorher festgelegt worden ist) und nach dem Grad ihrer *Strukturierung* (je nachdem, wie genau die *Reihenfolge* der Fragen vorher festgelegt worden ist) unterschieden. Grundsätzlich gilt: Je strukturierter und standardisierter Befragungen verlaufen, desto eher sind ihre Ergebnisse vergleichbar, desto weniger aber werden sie einerseits den individuellen Gegebenheiten und den Eigenheiten der Befragten gerecht und sind andererseits geeignet, mögliche neue, zusätzliche Informationen und Effekte, die sich ergeben könnten, zu erfassen. Ein kombiniertes Verfahren ist deshalb in den meisten Fällen die Methode der Wahl.

105

So genannte *Funktionsfragen* haben keinen inhaltlichen Bezug zum Gegenstand der Evaluation. Sie werden aus psychologischen oder befragungstechnischen, d.h. aus taktischen Gründen eingefügt. Typische Beispiele hierfür sind Aufwärmfragen oder Überleitungsfragen. *Ermittlungsfragen* dagegen dienen der eigentlichen Beantwortung der Fragestellung und beziehen sich deshalb direkt auf die Indikatoren.

Offene Fragen erlauben freie Antwortmöglichkeiten im Hinblick auf Inhalt und Umfang der Antwort. Sie provozieren freies, aktives Erinnern. Durch die subjektive Filterung des Gedächtnismaterials der Befragten werden individuelle Prioritäten erkennbar und subjektive Empfindungen und Bewusstseinsstrukturen erfassbar. Dadurch können unerkannte Missverständnisse und Irreführungen in der Frageformulierung aufgedeckt werden. *Geschlossene* Fragen dagegen sind reine ‚Abfragen' und erlauben im Extremfall nur Kreuzchen als Antworten (multiple choice). Sie erheben geringere Anforderungen an die Befragten und beruhen alleine auf passivem Wiedererkennen. Sie ermöglichen jedoch eine hohe Vergleichbarkeit der Antworten. Subjektiv Unwichtiges und scheinbar Selbstverständliches fällt nicht so leicht unter den Tisch wie bei offenen Fragen.

Bei der Konstruktion von Fragebögen oder Interviewleitfäden sind Regeln zu beachten, deren Einhaltung anhand der folgenden Checkliste überprüft werden kann:

Checkliste Konstruktion von Fragebögen und Interviewleitfäden	✓
• Vorsicht: Überforderung der Befragten! D.h.: die Fragen an deren Sprachniveau und Wortschatz anpassen, um Motivationsverluste durch Frustration zu verhindern.	
• Abstrakte und unkonkrete Fragen vermeiden: Beispiele einfügen.	
• Für Abwechslung sorgen und Monotonie vermeiden, etwa durch Lückentexte, Bildchen o.ä.	
• Sind die Fragen eindeutig genug? Begriffe wie z.B. „fast", „kaum", „selten", „ausreichend" usw. vermeiden.	
• Missverständnisse, wie sie z.B. durch Suggestivfragen entstehen können, vermeiden. Auch Unterstellungen beeinflussen die Befragten unzulässig.	
• Die persönliche Achtung vor den Befragten wahren: Die Befragten nicht in Verlegenheit bringen, z.B. durch zu persönliche und intime Fragen.	
• Für eine sinnvolle Reihenfolge der Fragen sorgen: ‚Aufwärmfragen' an den Anfang, wichtige und schwierige Fragen in die Mitte, heikle und problematische Fragen sowie demografische Fragen (Alter, Geschlecht ...) an den Schluss.	
• Nicht zwei Fragen auf einmal stellen. Jede Frage sollte sich nur auf einen Indikator (also einen bestimmten Sachverhalt) beziehen. Es entstehen sonst leicht Verwirrung bei den Befragten und unnötige Schwierigkeiten bei der Auswertung.	
• Am Ende nochmals überprüfen, ob wirklich alle Fragen notwendig sind. Kurze und präzise Fragebögen motivieren die Befragten eher und sind leichter auszuwerten.	

107

Bei der Entscheidung, ob schriftliche (Fragebögen) oder mündliche Befragungsmethoden (Interviews) zum Einsatz kommen sollen, spielen folgende Abwägungen eine wichtige Rolle:

Nachteile von schriftlichen Befragungen:	*Vorteile* von schriftlichen Befragungen:
• keine motivierende und stimulierende Wirkung durch die Befragungsperson	• wesentlich billiger und Zeit sparender
• keine Kontrolle der Befragungssituation	• größere Stichproben sind möglich
• kein Nachfragen, Erläutern und Ausräumen von Missverständnissen möglich (vor allem bei postalischen Befragungen)	• die Anonymität schriftlicher Befragungen (wenn sie Gewähr leistet wird) kann sich vorteilhaft auswirken (unverkrampftere und offenere Antworten)
• Formulierungsschwierigkeiten bei offenen Fragen bei unterschiedlichem Bildungsniveau bzw. Vorwissen der Befragten nicht kontrollierbar	• keine Ablenkung, Hemmung oder Beeinflussung möglich
• evtl. mangelnde Ernsthaftigkeit bei den Befragten ist unkontrollierbar und kann zur Verfälschung der Ergebnisse führen	• gleiche Ausgangs- und Verlaufsbedingungen für alle (allerdings nur unter Aufsicht vollständig realisierbar)

Nachdem wir uns einen Überblick über die Palette möglicher Erhebungsmethoden verschafft haben, besteht die nächste Aufgabe im Zuge der Evaluation nun darin, auf dem Hintergrund unserer Überlegungen zu Dokumentation, Beobachtung und Befragung, die passende(n) Methode(n) zur Erfassung des definierten und operationalisierten Gegenstands auszuwählen bzw. zu entwickeln. Selbstevaluation lebt sehr stark davon, in einem kreativen und die eigene berufliche Alltagspraxis berücksichtigenden Prozess zu einer spezifischen methodischen Strategie zu kommen. Beratung ‚von außen' kann hier zwar hilfreich sein, die

Fachkräfte jedoch nie davon entlasten, am Ende eine Entscheidung für die ‚richtige(n)' Methode(n) selbst treffen zu müssen.

Auch hier kann ein triangulierendes Vorgehen (analog zu dem, was Triangulation bei der Auswahl der Datenquellen bedeutet) durchaus Gewinn bringend sein: Mehrere Erhebungsmethoden anzuwenden, also z.B. zu beobachten und zu befragen, eröffnet verschiedene Perspektiven auf denselben Evaluationsgegenstand. Ein Vergleich der Ergebnisse erlaubt Schlussfolgerungen, die sich dabei sowohl aus einer Übereinstimmung als auch aus Widersprüchlichkeiten ergeben können.

Immer dann, wenn Erhebungsmethoden nicht selbst entwickelt werden (können), sondern bereits erprobte oder aus anderen Zusammenhängen übernommene Instrumente eingesetzt werden, ist an einem wichtigen Punkt besondere Vorsicht geboten, nämlich bei der Einschätzung der Gültigkeit der Instrumente, der so genannten Validität. Bevor wir also mit der Erhebung von Daten beginnen, sollten wir deshalb unsere Instrumente noch einmal besonders auf die folgenden beiden Fragen hin überprüfen:

(1) Spiegeln sich die zuvor operationalisierten Indikatoren im vorliegenden Instrument (Fragebogen, Interviewleitfaden oder Beobachtungsbogen) wider? Das heißt: Werden mit unseren Methoden auch wirklich die Informationen gesammelt, auf die es uns ankommt? (vgl. Schritt 4)

(2) Wird die auf Grund des Instruments zu erwartende Information aller Voraussicht nach ein Bild ergeben, das den von uns ausgewählten Gegenstand vollständig abbildet? Das heißt: Werden alle Indikatoren ihrem Gehalt nach in das Erhebungsinstrument übernommen? (vgl. Schritt 3 und 4)

Bevor wir uns der Frage nach dem Verfahren, also nach der Erhebung und Auswertung der Daten selbst (Schritt 8) zuwenden können, ist schließlich noch ein letztes Problem zu berücksichtigen: Es hat mit der Wahrung der Interessen derjenigen zu tun, die an unserem Evaluationsvorhaben beteiligt oder jedenfalls davon betroffen sind. Immer, wenn Erhebungsinstrumente darauf abzielen, Informationen von oder über *Personen* zu sammeln (und das ist in der Sozialen Arbeit in der Regel der Fall), ist zu überprüfen, inwiefern dabei deren Interessen, Rechte oder sogar deren menschliche Würde berührt oder gefährdet sein könnte. An dieser Stelle sollten uns bei der Überprüfung unserer Instrumente im Wesentlichen *ethisch-moralische Grundsätze, gesetzliche Vorschriften* (z.B. des Datenschutzes oder einfach Grundregeln des mitmenschlichen Umgangs leiten. Sie sind in der folgenden Checkliste zusammengefasst:

Checkliste Berücksichtigung der Interessen der betroffenen Personen	✓
• Besteht die Gefahr, dass durch einzelne Fragen oder durch unser Vorgehen insgesamt die Würde der betroffenen Personen oder der nötige Respekt vor ihnen beeinträchtigt wird? (etwa durch Provokationen, durch Unterstellungen oder das Brechen von Tabus ...)	
• Ist gewährleistet, dass persönliche, vor allem vertrauliche Informationen (etwa bei Interviews) wenn überhaupt, dann nur verschlüsselt und in keinem Fall re-identifizierbar verwendet werden?	
• Sind bei der Konzeption der Instrumente die Grundsätze der Freiwilligkeit der Teilnahme und der Vertraulichkeit in jeder Weise berücksichtigt?	
• Besteht (möglichst schriftliches) Einverständnis der Sorgeberechtigten, sofern Informationen über nicht volljährige Personen gesammelt werden?	
• Falls auch Akten, Protokolle oder sonstige persönliche Dokumente analysiert und ausgewertet werden sollen: Haben wir die *schriftliche* Erlaubnis der *zuständigen* Stellen?	
• Schaffen wir es, uns durch die Art unserer Instrumente und unseres Vorgehens (z.B. durch die Formulierung der Fragen oder durch die Art sie zu stellen), auf die Ebene der befragten, beobachteten Personen zu begeben? D.h.: Haben wir deren Kommunikations- und Interaktionsformen ausreichend berücksichtigt?	
• Bringen unsere Instrumente den befragten Personen gegenüber ausreichend *Offenheit und Freundlichkeit* zum Ausdruck, etwa durch eine höfliche Anrede oder durch eine möglichst vorbehaltlose Information der Beteiligten über alle Belange und Absichten der Evaluation?	

Ergänzend zu diesem siebten Schritt sind im dritten Teil des Buches ein ganze Reihe erprobter Methoden und Instrumente für Selbstevaluationsverfahren in der Sozialen Arbeit dargestellt. Sie entstammen zum Teil den Praxisbeispielen und dienen sowohl als ‚Entscheidungshilfe' als auch der Anregung bei der Entwicklung eigener Instrumente.

Praxisbeispiel: Methodenentwicklung in der Jugendberufshilfe

Eine Jugendwerkstatt (JWS) führt seit ca. fünf Jahren in einer Großstadt u.a. Maßnahmen nach § 13 KJHG zur beruflichen und sozialen Eingliederung von benachteiligten Jugendlichen durch. Seit zwei Jahren besteht eine zunehmend enge Kooperation mit dem Fachbereich Sozialwesen an einer örtlichen Fachhochschule (Praktika, Diplomarbeiten usw.) Die Arbeit der in freier Trägerschaft befindlichen JWS ist jedoch zunehmend geprägt von geringeren Mittelzuweisungen durch den Träger und durch eine ständig wachsende Konkurrenz mit immer mehr privaten Anbietern um die Mittel aus Maßnahmen nach SGB III und des Europäischen Sozialfonds. Auch die sozialpädagogische Arbeit mit den Jugendlichen im Rahmen der laufenden Maßnahmen ist nicht einfacher geworden: der fachliche Problemdruck steigt. Leitung und MitarbeiterInnen beschließen gemeinsam, initiativ zu werden und sich an die „Entwicklung ihrer Organisation" zu machen.
Die KollegInnen formulieren für den vor ihnen liegenden Prozess die folgenden drei Ziele: Durch eine gezielte und systematische Beschreibung und Bewertung der laufenden Arbeit in der JWS soll

(1) mehr Klarheit über Art und Ausmaß der zunehmenden fachlichen Schwierigkeiten in den Maßnahmen geschaffen werden (Aufklärung),

(2) ein Beitrag zur Rechtfertigung der öffentlichen Finanzierung der geleisteten Arbeit gegenüber der Öffentlichkeit erbracht werden (Legitimierung),

(3) Struktur und Verlauf der alltäglichen Arbeit optimiert werden (Innovation).

Da in der JWS große Einigkeit über die Notwendigkeit einer Organisationsentwicklung nicht nur im Team, sondern auch zwischen den KollegInnen und der Leitung besteht, ist schnell entschieden, dass eine „Arbeitsgruppe Selbstevaluation" gegründet werden soll, die sich – in

111

enger Zusammenarbeit mit und wissenschaftlich begleitet von der Fachhochschule – an die Evaluation der laufenden Arbeit machen soll. Es wird für die Mitglieder der Gruppe eine Freistellung von je 3 Stunden pro Woche vereinbart.

Auf den nun regelmäßig am Donnerstagnachmittag stattfindenden Treffen wird schnell klar, dass es notwendig ist, sich bei der Evaluation zunächst auf einen Ausschnitt der großen Palette laufender Maßnahmen zu beschränken. Ausgewählt wird ein Projekt zur Berufsvorbereitung, dessen Finanzierung besonders problematisch erscheint, das jedoch – obwohl immer wieder Probleme mit den Jugendlichen auftauchen – als besonders sinnvoll erachtet wird. Noch konkreter einigen sich die KollegInnen darauf, zunächst folgende Fragen in Angriff zu nehmen:

- Was passiert während des sozialpädagogischen Unterrichts mit der sozialen Kompetenz bei den besonders problematischen Jugendlichen, d.h. gibt es feststellbare positive Veränderungen?
- Wie gut gelingt der subjektiv erlebte Einstieg in eine Berufsausbildung, d.h. wie zufrieden sind die Jugendlichen zu verschiedenen Zeitpunkten während der Maßnahme und nach ihrem erfolgreichen/erfolglosen Abschluss mit ihrem „Berufseinstieg"?

Zur Beurteilung von sozialer Kompetenz wird beschlossen, diesen Begriff über die Beobachtung von Kooperationsverhalten und Kommunikationsfähigkeit während der Gruppenarbeitsphasen im Unterricht zu operationalisieren. Es wird dazu ein Katalog mit so genannten Ankerbeispielen erstellt (z.B. „hilft anderen", „fragt nach" oder „versucht Streit zu schlichten").

Als Maßstab zur Bewertung wird nach eingehender Diskussion deutlich, dass „Zufriedenheit der Jugendlichen am besten direkt erfragt und auf einer einfachen, 3-stufigen Skala von „absolut zufrieden" bis „völlig unzufrieden" gemessen werden kann. Die Veränderungen bei der sozialen Kompetenz soll anhand der Ankerbeispiele einzelfallbezogen und beschreibend nachvollziehbar gemacht werden. Eine ebenfalls rein quantitative Erfassung erscheint den KollegInnen in diesem Fall zu ungenau.

Nun stellt sich für die KollegInnen die Frage nach der Entwicklung geeigneter Methoden zur Erhebung gewünschten Informationen. An dieser Stelle liegt es für die Arbeitsgruppe auf der Hand, alle Jugendli-

chen aus der betreffenden berufsvorbereitenden Maßnahme zu befragen, bzw. im Hinblick auf soziale Kompetenz zu beobachten. Die Entwicklung der Datenerhebungsinstrumente ergibt sich relativ zwangsläufig aus den bisherigen Festlegungen: Es wird ein kleiner Fragebogen zur Messung von Zufriedenheit und ein Beobachtungsleitfaden
zur Erhebung der sozialen Kompetenz entwickelt (vgl. die entsprechenden Instrumente in Teil 3).

Während sich die KollegInnen einig sind, dass sie mit den beiden Eva-
luationsinstrumenten recht angemessene Möglichkeiten zur – zunächst nur ausschnitthaften – Erfassung ihrer alltäglichen Praxis entwickelt haben, entsteht eine Diskussion über die Praktikabilität der
Methoden vor allem im Hinblick auf die Frage, ob es gelingen kann,
Informationen zu den beiden „Gegenständen" auch über das Ende der
Projektlaufzeit hinaus einigermaßen vollständig zu erhalten. Gelänge
dies nicht, so wäre eine Aussage über den Erfolg der Maßnahme bezogen auf seine ‚Nachhaltigkeit', nicht möglich.

Schritt 8: Daten erheben und auswerten

- Was ist im Verlauf der Erhebung von Daten zu beachten?
- Mit welchen Methoden können die erhobenen Daten aufbereitet und ausgewertet werden?
- Was ist bei der Interpretation der Ergebnisse zu beachten?

1	Ziele festlegen	Warum?
2	Bedingungen klären	Wann?
3	Gegenstand bestimmen	Was?
4	Operationalisieren	Was?
5	Kriterien entwickeln	Woraufhin?
6	Informationsquelle auswählen	Wen?
7	Methoden entwickeln	Wie?
8	Daten erheben, auswerten	Wie?
9	Qualität beurteilen	Wie gut?
10	Ergebnisse verwerten	Wozu?

Auf den vergangenen Seiten (Schritt 7) war davon die Rede, welche Methoden zur Sammlung von Informationen geeignet sind und was bei ihrer Konstruktion zu beachten ist. Auch wurde voraus greifend darauf hingewiesen, worauf es bei ihrer Anwendung, also beim Verfahren der Datenerhebung selbst, ankommt, etwa im Hinblick auf die notwendige Berücksichtigung der Interessen von Beteiligten und Betroffenen oder im Hinblick auf den Aufbau eines Interviewleitfadens. D.h., es ging nie allein um die Methoden selbst, sondern immer auch schon – voraus greifend – um ihren sinnvollen Einsatz. Im Vorfeld der Datenerhebung, bevor also die eigentliche Sammlung von Informationen beginnt, sollten darüber hinaus drei weitere Aspekte berücksichtigt werden:
Der Aufwand, der für die Erhebung der Daten in der Praxis betrieben wird, muss vertretbar und angemessen bleiben. Die Methoden müssen – bezogen auf die Ziele der Selbstevaluation (Schritt 1) und vor dem

Hintergrund der zeitlichen, finanziellen und personellen Ressourcen „nur genügend gut" und nicht immer „so gut wie irgend möglich" sein. Nach allen Erfahrungen ist es nämlich sehr häufig so, dass mit ganz einfachen Methoden (und das heißt mit einem geringen Aufwand) bereits wichtige, gute und interessante Ergebnisse für die eigene Praxis entstehen, die mit einem Mehraufwand – und sei er noch so groß – nur unwesentlich hätten verbessert werden können.

Wir sollten darauf achten, dass durch unser Vorgehen bei der Sammlung von Informationen keine unnötigen Störungen im eigentlichen Alltagsgeschäft (um dessen Bewertung es uns ja geht) entstehen. Dies würde nicht nur zur Verzerrung der Ergebnisse führen, sondern wäre insgesamt kontraproduktiv. Genau dieser Punkt ist gemeint, wenn wir von der ‚Lebensweltorientierung' einer Selbstevaluation sprechen.

Wir sollten im Gegenteil versuchen, so genannte Synergieeffekte zu nutzen: Oft ist es möglich, die bewertenden Absichten einer Evaluation mit den pädagogischen, psycho-sozialen Wirkungen des beruflichen Handelns selbst zu verbinden. So könnte etwa eine Anamnese im sozialpsychiatrischen Bereich zumindest in Teilen auch gleichzeitig Indikatoren für die Bewertung der Zufriedenheit der KlientInnen enthalten. Bei dokumentierenden und protokollierenden Verfahren ist es oft möglich, die Erhebung von Evaluationsdaten in alltägliche Routinevorgänge zu integrieren.

Trotzdem – und dies vielleicht zur Beruhigung – geht bei dem Versuch, die gewählten Instrumente in den Praxisalltag zu integrieren, nach aller Erfahrung selbst bei noch so guter Planung immer wieder einiges schief: Schwierigkeiten bei der Anwendung eines Beobachtungsleitfadens entstehen, die beim Testlauf gar nicht aufgetaucht waren; Interviewpartner stehen nicht wie geplant zur Verfügung, weil sich Termine im Praxisablauf verschoben haben; Jugendliche weigern sich, einen Fragebogen auszufüllen, weil Probleme entstanden sind, die nicht vorhersehbar waren; ein Dokumentationsbogen bleibt in der Hektik eines Arbeitstages einfach unbearbeitet liegen.

Die folgenden strategischen Tipps für die Vorbereitung und Durchführung der Datenerhebung sollen deshalb helfen, solche und ähnliche Probleme zu minimieren und gleichzeitig den Nutzen ihres Einsatzes zu optimieren. Die Hinweise beziehen sich auf die drei am häufigsten eingesetzten Instrumententypen: Beobachtung, Fragebogen und Interview.

Checkliste Vorbereitung und Durchführung der Datenerhebung

	Vorbereitung	Durchführung
Beobachtung	• Unbedingt alle Beteiligten über Verlauf und Absichten informieren. • Gegebenenfalls das schriftliche Einverständnis der Betroffenen einholen. • Organisatorische Planung: Termine rechtzeitig vereinbaren, die Dauer der „Sitzung" vorher festlegen.	• Dokumentation der Beobachtungen genau am vorgegebenen Raster orientieren. • Wenn der Arbeitsablauf (z.B. bei Sitzungen) vom Evaluationsverfahren gestört wird, müssen die Beobachtungen unbedingt *direkt* im Anschluss festgehalten werden. • „Erstaunliche", unerwartete, für die Fragestellung interessante Beobachtung ebenfalls, zur Not außerhalb des Rasters auf einem gesonderten Blatt festhalten.
Fragebogen	• Motivation und Bereitschaft zum ausfüllen optimieren: die Befragten über Ziele, Sinn und Zweck informieren. • Dies ist besonders bei postalischen Erhebungen wichtig! D.h. z.B. gutes Begleitschreiben formulieren. • Gewährleistung von Anonymität und Einhaltung aller Bestimmungen des Datenschutzes.	• Wenn die Leistung der Befragten bewertet werden soll: auf vergleichbare Bedingungen während der Bearbeitungszeit achten. • Bei zu geringem Rücklauf (vor allem bei postalischen Verfahren häufig) kommt es zu Ergebnisverzerrungen: Nachhaken durch erneutes, verbessertes Anschreiben oder telefonische Kontakte. • Möglichkeit bieten, dass die Befragten über die Ergebnisse informiert werden, z.B. durch Anonymität garantierende Rückumschläge.
Interview	• Die Art der Kontaktaufnahme ist oft entscheidend für den Erfolg des Interviews. • Ein gewisses Vertrauensverhältnis ist notwendig: Über Dauer, Absichten, Ziele und Inhalte des Interviews verständlich aufklären (Sprachniveau!). • Klarheit über den Umgang mit persönlichen Informationen herstellen: Wie werden die Ergebnisse veröffentlicht? • Die organisatorische Planung ist wichtig: genügend Zeit, ungestörten Raum vorsehen. • Wenn ein Tonbandmitschnitt notwendig ist: besprechen und Einverständnis einholen.	• Zu Beginn: Vereinbarungen über Dauer, Pausen und Art der Befragung (offenes Gespräch oder standardisierte Abfrage). • Umgang mit Störpotenzialen (z.B. Telefon) vorher klären und möglichst ausschließen. • Vor allem bei längeren Interviews: Möglichkeiten zur Unterbrechung einräumen (Toilette). • Verbindliche und persönliche Atmosphäre herstellen: Dank am Anfang und am Ende für die Bereitschaft; Angebot, über die Ergebnisse informiert zu werden.

116

Im Folgenden wenden wir uns denjenigen Methoden zu, die der *Aufbereitung und Auswertung* der erhobenen Daten dienen. Die gewonnenen Informationen müssen geordnet und zusammengefasst und dadurch interpretierbar und bewertbar gemacht werden. Eine große Gefahr besteht darin, dass die gewonnene Datenmenge zu groß ist und dadurch unüberschaubar wird. Die bis dahin investierte Arbeit ist dann häufig deshalb vergeblich gewesen, weil aus einer unüberschaubar gewordenen Menge an Informationen keine sinnvollen Ergebnisse mehr abgeleitet werden können. Deshalb ist vor allem bei größeren Evaluationsvorhaben schon bei Beginn der Datenerhebung zu einer systematischen Ablage, d.h. zu einer überschaubaren Kodierung und Strukturierung der gewonnenen Daten zu raten, weil sonst so genannte ,Datengräber' entstehen.

Als Ergebnis unserer Erhebung erhalten wir zwei Arten von Daten. Beide werden sinnvollerweise mit unterschiedlichen Methoden ausgewertet: Haben wir es mit Daten in Form von *Zahlen* zu tun (Jahre für das Alter; 1, 2, 3, und 4 für ,trifft nicht zu' bis ,trifft völlig zu'; 1, 2, 3 für ☹, ☺ und ☺ o.ä.), so sind dafür *quantitative Methoden* zur Auswertung notwendig. Liegen aber Texte (z.B. aus Protokollen, Berichten oder die ausführlicheren schriftlichen Antworten aus Fragebögen) oder mit Tonband aufgenommene Interviews vor, so geht es darum, diese Daten mit *qualitativen Methoden* aufzubereiten und auszuwerten.

Eine Misch- und Kombinationsform ist auch hier möglich und oft sinnvoll, nämlich indem qualitative Daten (Texte ...) zunächst qualitativ ausgewertet werden, um danach quantifiziert (d.h. auf einen Informationsgehalt in Form von Zahlen reduziert) und schließlich einer quantitativen Auswertung unterzogen zu werden.

Eine *quantitative Auswertung* verläuft sinnvoller Weise in drei Schritten:

(1) Zunächst werden alle erhobenen Daten tabellarisch (Datenmatrix, siehe Teil 3) geordnet: Indikatoren in *Spalten*, Personen bzw. Quellen, von denen die Daten stammen, in *Zeilen*. In dieser Matrix sind nun alle Informationen enthalten. Die Richtigkeit der Eintragungen sollten wir immer wieder stichpunktartig überprüfen, denn erfahrungsgemäß passieren an dieser Stelle die meisten Leichtsinnsfehler.

(2) In einem zweiten Schritt ist es dann möglich, die Daten zusammengefasst für einzelne Indikatoren in so genannten Häufigkeitstabellen und in Säulendiagrammen darzustellen. Auf diese Art und Weise ent-

steht sofort ein überschaubarer und beurteilbarer Eindruck, welche Ausprägungen der gewählten Indikatoren eher häufig und welche eher nicht häufig vorkommen. Grafische Darstellungen haben immer den Vorteil, ‚auf einen Blick' viele Informationen zu bündeln. Aber auch die Berechnung von einfachen statistischen Kennwerten kann uns einen wichtigen zusätzlichen Eindruck davon verschaffen, in ‚welchem Zustand' sich der untersuchte Indikator, bezogen auf die jeweilige Untersuchungsgruppe denn befindet. Mittel- oder Durchschnittswerte sind geeignet, Aussagen darüber zu treffen, wo sich eine Gruppe insgesamt, also *schwerpunktmäßig* (eben im „Durchschnitt") befindet. Streuungsmaße dagegen enthalten eine andere wichtige Information: Sie geben uns Auskunft darüber, wie weit denn die einzelnen Mitglieder der Gruppe – bezogen auf den jeweiligen Indikator – voneinander entfernt sind. D.h. wir bekommen durch die Berechnung von Streuungsmaßen (Spannweite, Varianz, Standardabweichung usw.) eine Eindruck von der *Homogenität* bzw. *Heterogenität* einer Gruppe bezüglich eines Merkmals (z.B.: Wie groß sind die Altersunterschiede in einer Jugendgruppe?)

(3) In einem dritten Schritt schließlich ist es zusätzlich möglich (jedoch nicht unbedingt notwendig), die Ergebnisse für zwei (prinzipiell auch für mehrere) Indikatoren miteinander in Verbindung zu bringen, d.h. nach Zusammenhängen zwischen zwei Indikatoren zu forschen. Dazu werden so genannte Kreuztabellen gebildet (vgl. Teil 3), in die die Häufigkeiten für die *Kombination* aus zwei Indikatoren eingetragen werden. Auch diese Kreuztabellen sind einfach grafisch darzustellen: Es entsteht ein Eindruck von einem möglichen Zusammenhang, einer so genannten „Korrelation" zwischen zwei Indikatoren. Statistische Kennwerte für den Zusammenhang zwischen zwei Indikatoren („Variablen") gibt es auch, diese sind aber ‚von Hand' nicht so einfach zu berechnen wie ein Mittelwert.

In Teil 3 diese Buches stehen Arbeitsblätter zur Verfügung, anhand derer diese drei Schritte nachvollzogen werden können. Besteht jedoch die Möglichkeit, schon die Datenmatrix über EDV-Programme zu erfassen (in der Regel lohnt sich dies schon bei Stichproben ab 30, wenn es sich nicht nur um die Untersuchung von ganz wenigen Indikatoren handelt), so entstehen mindestens *drei zusätzliche Vorteile:*

118

- Wir sind in der Lage, sowohl Häufigkeits- als auch Kreuztabellen ‚per Knopfdruck' zu erstellen und auszudrucken, um sie dann interpretieren zu können.

- Wir können ebenfalls hervorragende und je nach Programm äußerst anschauliche und aussagekräftige Grafiken erstellen, die die Übersicht über die Daten erhöhen und bei Ergebnispräsentationen gut eingesetzt werden können.

- Wir haben die Möglichkeit, sehr viele unterschiedliche statistische Kennwerte (auch per Knopfdruck) zu berechnen, die zusätzliche Bewertungen der vorliegenden Daten ermöglichen. Die Prüfung der Signifikanz von errechneten Werten etwa ist sehr leicht möglich und erlaubt uns eine zusätzliche Aussage darüber, wie groß die Wahrscheinlichkeit ist, dass unsere Ergebnisse durch Zufälle oder unvorhergesehene Einflüsse zu Stande gekommen sein könnten. Sind die Ergebnisse jedoch signifikant, so können sie ohne Bedenken interpretiert und schließlich verwertet werden.

Für solche statistischen Rechenvorgänge sind vor allem „Excel" und „SPSS" (inzwischen auch in Deutsch und unter Windows) und für die grafische Aufbereitung ebenfalls die beiden bereits genannten Programme und zusätzlich auch „Word" zu empfehlen (was den großen Vorteil hat, dass Grafiken direkt in einen Abschlussbericht integriert werden können). Der Import von Grafiken aus „SPSS" und „Excel" ist natürlich auch möglich. Weiter ist zu bedenken, dass die Erstellung der Datenmatrix und die statistische und grafische Weiterarbeit sinnvoller Weise in ein und demselben Programm erfolgen sollte. Für die quantitative Analyse der Daten sind aus diesem Grund am ehesten „SPSS" und „Excel" als Programme zu empfehlen – es sei denn eine Auswertung von Hand, also mit Papier und Bleistift, erscheint wegen des geringen Umfangs der Stichprobe einfacher und zeitsparender.

Checkliste Quantitative Datenauswertung (vgl. Atteslander, 2003[10])	✓
• Alle Daten in einer Übersicht zusammenstellen (Datenmatrix).	
• Tabellen und Grafiken zu den einzelnen Indikatoren erstellen.	
• Evtl. statistische Kennwerte berechnen: Mittelwerte und Streuungsmaße.	
• Evtl. Zusammenhänge zwischen einzelnen Indikatoren herstellen und auf Signifikanz prüfen.	

Weil es sich in diesem Abschnitt eines Evaluationsvorhabens natürlich trotz allem um eher komplizierte und für viele Fachkräfte ungewohnte oder sogar bisher unbekannte Verfahren handelt, erscheint es nach allen Erfahrungen sinnvoll, sich um Hilfe und Unterstützung von außen zu bemühen. Wenn keine internen Kompetenzen und Ressourcen vorhanden sind und lange Einarbeitungszeiten notwendig werden würden, könnte man an eine Begleitung des Evaluationsvorhabens durch eine Hochschule, z.B. in Form einer Beratung und/oder einer Diplomarbeit denken.

Im zweiten wichtigen Verfahren, der qualitativen Auswertung von Daten, geht es um Informationen, die nicht als Zahlen vorliegen (also nicht in Zahlen ausgedrückt werden können oder werden sollen). Ohne dass das Verfahren für die Auswertung hier schon im Vorhinein genau festgelegt werden kann, besteht das Ziel der Analyse immer darin, die vorliegenden Texte (Protokolle, Berichte, Tonbandaufzeichnungen ...) in ihrem Informationsgehalt und ihrer Aussagekraft zu konzentrieren und systematisch auf das Wesentliche zu reduzieren. Wo stecken also – so lautet die Frage – die entscheidenden Informationen, die sich direkt auf die zuvor ausgewählten Indikatoren beziehen. Eine solche Konzentration von Information geschieht in aller Regel durch

- das Weglassen von Unwichtigem,

- die Zusammenfassung von Teilen, die ähnliche Informationen enthalten und

- die Bildung einer neuen Sinnstruktur, die Übersicht schafft, etwa durch die Einführung von Kategorien, die die Informationen einteilen oder ordnen helfen.

Zehn W-Fragen zur Planung und Vorbereitung einer Selbstevaluation

1.	WARUM WILL ICH EVALUIEREN?	Begründung ☑
☑	Ziele und den erwarteten Nutzen festlegen, konkretisieren und formulieren (Legitimierung, Aufklärung, Kontrolle, Qualifizierung, Innovation …)	
☑	Vorrangigkeit der einzelnen Ziele untereinander abwägen	
☑	Konsens über Zielhierarchie und den konkreten Nutzen des Vorhabens anstreben	

2.	UNTER WELCHEN BEDINGUNGEN KANN ICH EVALUIEREN?	Bedingungen ☑
☑	Materiell-institutionelle Bedingungen sichern (Budget, Freistellung, ...)	
☑	Fachliche Beratung und Begleitung von außen möglichst flexibel gewährleisten	
☑	Persönlich-psychologische Voraussetzungen schaffen (Konsens, Akzeptanz)	
☑	Offensive Informationspolitik betreiben (Ziele offenlegen)	
☑	Klare Vereinbarungen treffen	
☑	Selbstevaluation als „Chefsache" verstehen (Management committment)	

3.	WAS WILL ICH EVALUIEREN?	Gegenstand ☑
☑	Gegenstand („Ausschnitt aus dem Alltagsgeschäft") genau beschreiben und abgrenzen	
☑	Eingrenzung des Gegenstands versuchen (begründetes Weglassen!)	
☑	Fragen (Fragestellungen) formulieren	
☑	Vermutungen (Hypothesen) über mögliche Antworten auf die Fragen anstellen	
☑	Begriffe auf Genauigkeit, Trennschärfe und Einheitlichkeit überprüfen	

4.	WAS GENAU WILL ICH EVALUIEREN?	Indikatoren ☑
☑	Gegenstand sukzessive konkretisieren und differenzieren	
☑	Verzweigungsschema anfertigen (Dimensionen und Indikatoren)	
☑	Indikatoren (unterste Ebene) auf Messbarkeit in der Praxis prüfen	
☑	Schema auf Trennschärfe und Vollständigkeit prüfen	
☑	Messanleitungen formulieren	

5.	VOR WELCHEM HINTERGRUND WILL ICH EVALUIEREN?	Kriterien ☑
☑	Bewertungsmaßstäbe für die einzelnen Indikatoren entwickeln (theoretische Kriterien, fachliche Standards, Zielvorgaben, selbstreferenzielle Ziele ...)	
☑	Implizite Ziele und Wertmaßstäbe der Beteiligten thematisieren und diskutieren	
☑	Konsens über Bewertungskriterien anstreben und ausformulieren	
☑	Bei selbst entwickelten Skalen: Kodierregeln formulieren, Ankerbeispiele bilden	

6.	WEN WILL ICH EVALUIEREN?	Datenquellen ☑
☑	Alle möglichen Informationsquellen (Vorteile von Triangulation) erwägen	
☑	Entscheidung über die „ergiebigste(n) Quelle(n)" herbeiführen	
☑	Bei großen Gruppen: Stichprobenziehung erwägen (zufällig oder geschichtet)	
☑	Realisierungsprobleme ins Auge fassen (Zugänglichkeit, Störeffekte, Rücklaufquoten ...)	
☑	Verfahren der Festlegung der Informationsquelle(n) genau dokumentieren	

7.	WIE WILL ICH EVALUIEREN?	Methoden ☑

- ☑ Überblick über alle möglichen Erhebungsmethoden verschaffen (Beobachtungs-, Befragungs- und Dokumentationsmethoden)
- ☑ Entscheidung für eine oder mehrere Methoden herbeiführen
- ☑ Vorteile, aber auch zusätzlichen Aufwand von Triangulation erwägen
- ☑ Methoden und Instrumente aus ähnlichen Projekten eventuell übernehmen (und gegebenenfalls anpassen!)
- ☑ Technischen und zeitlichen Aufwand bei der Erhebung abschätzen
- ☑ Gegebenenfalls Erhebungsplan anfertigen

8.	WIE KANN ICH EVALUIEREN?	Durchführung ☑

- ☑ Vortest: Methode(n) optimieren („genügend gut" und nicht „ so gut wie möglich")
- ☑ Auf mögliche Störungen in der Praxis durch die Datenerhebung achten
- ☑ Synergieeffekte in der Praxis anstreben (Erhebung als Teil des beruflichen Handelns?)
- ☑ Exploration betreiben: Offenheit für Neues und Unerwartetes bewahren
- ☑ Vorteile der Triangulation nutzen
- ☑ „Tipps zur Durchführung" beachten
- ☑ Aufbereitung und Aufbewahrung der gesammelten Daten systematisieren
- ☑ Entscheidung je nach Datenart treffen: Quantitative und/oder qualitative Auswertung
- ☑ Systematisch nach (Leichtsinns-)Fehlern bei Erhebung und Auswertung suchen
- ☑ Interpretationen auf Glaubwürdigkeit prüfen (Vollständigkeit und Plausibilität)

9.	WIE GUT KANN ICH EVALUIEREN?	Qualität ☑

- ☑ Alle möglichen Gütekriterien erwägen und eine begründete Entscheidung treffen
- ☑ Möglichst Aussagen machen über Angemessenheit, Realisierbarkeit, Regelgeleitetheit, Gültigkeit und Verwertbarkeit beim eigenen Vorgehen
- ☑ Eventuell Vergleiche mit anderen Projekten anstellen
- ☑ Frage nach mangelnder Objektivität diskutieren und „Gegenmaßnahmen" ergreifen

10.	WOZU WILL ICH EVALUIEREN?	Verwertung ☑

- ☑ Zielgruppe(n) für die Veröffentlichung der Ergebnisse festlegen
- ☑ Struktur des Abschlussberichtes erarbeiten, Aufgaben verteilen
- ☑ Bei der Anfertigung des Berichts Klarheit, Ausgewogenheit und Rechtzeitigkeit beachten
- ☑ Zusätzliche Formen der Veröffentlichung erwägen (Pressebericht, Fachartikel ...)
- ☑ Präsentationsveranstaltung erwägen: Botschaft, Medieneinsatz und Rahmenbedingungen genau erarbeiten, dabei Zielgruppe beachten
- ☑ Verwertung der veröffentlichten Ergebnisse vorantreiben
- ☑ Strategisch denken und Bündnispartner suchen
- ☑ Realistische Veränderungsperspektiven entwerfen

WEITERE WICHTIGE PUNKTE:

Die konkrete Aufgabe für die EvaluatorInnen besteht also darin, alle Texte, die z.B. jeweils eine Person betreffen, sozusagen parallel zueinander auf ‚Fundstellen' zu durchkämmen und diese Fundstellen zusammengefasst und nach Indikatoren geordnet darzustellen. In einem oder auch mehreren ‚Suchdurchläufen' durch die Texte müssen daher Hinweise auf den ‚Zustand' der gewählten Indikatoren aufgespürt und schließlich zu einem ‚Gesamteindruck' zusammengefasst werden. Ein solches Verfahren wird „Qualitative Inhaltsanalyse" genannt und ist von Mayring (1996³, S. 91-98) in übersichtlicher und nachvollziehbarer Weise (auch in Gegenüberstellung mit anderen möglichen Verfahren) beschrieben worden (s. nächste Seite).

Diese Methode bietet einen entscheidenden Vorteil: Sie ist flexibel und fehlerfreundlich. Die Ergänzung oder Korrektur der zu Beginn gewählten Indikatoren ist auf Grund ‚neuer Erkenntnisse' aus dem Textmaterial jederzeit möglich. Der Komplexität und Diffusität des sozialpädagogischen Alltagsgeschäfts wird so in nahezu idealer Weise Rechnung getragen.

Ergebnisse, die auf eine solche Art und Weise qualitativ gewonnen wurden, können übrigens jederzeit nachträglich quantifiziert werden. D.h. wir können den einzelnen Kategorien oder den Häufigkeiten innerhalb von Kategorien Zahlen zuordnen und dann weiter so verfahren, wie es oben dargestellt ist.

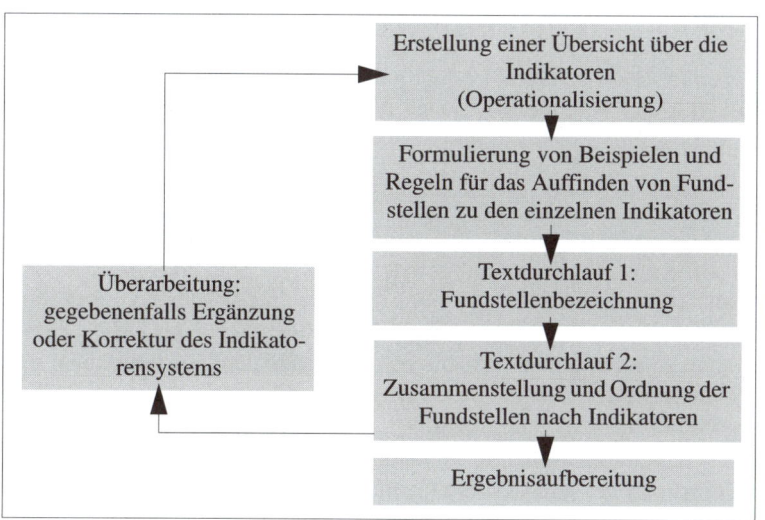

Zwar gehen bei diesem Vorgang Informationen verloren; trotzdem kann es sinnvoll sein, mit diesem Vorgehen zu mehr Übersichtlichkeit und auch Vergleichbarkeit der ausgewerteten Informationen und Ergebnisse beizutragen.

Checkliste Qualitative Datenauswertung (vgl. Mayring, 1996³, S. 91ff)	✓
• Kategorien (neue Indikatoren) definieren.	
• Beispiele aus dem Datenmaterial zuordnen (,Ankerbeispiele').	
• Eindeutige Regeln für die Zuordnung weiterer Fundstellen formulieren (,Kodierregeln').	
• Begleitend: immer (möglichst offen und unvoreingenommen) nach neuen, bisher unbeachteten Kategorien suchen.	

Zusammenfassend sei noch einmal grundsätzlich das *Verhältnis zwischen qualitativen und quantitativen Methoden* angesprochen: Mit qualitativen Verfahren ist es möglich, sehr viele und sehr differenzierte Informationen über eher wenige Personen, Dinge oder Sachverhalte zu erhalten und diese dann einzelfallspezifisch bewerten zu können. Mit quantitativen Methoden ist es dagegen möglich, über sehr viel Dinge, Personen oder Sachverhalte eher wenig zu erfahren, d.h. ein auf Einzelfälle bezogen eher nicht differenziertes Bild zu erhalten. Insgesamt zeigen die Erfahrungen während einer Auswertungsphase, dass sich in ihrem Verlauf immer auch neue Erkenntnisse ergeben können. Es ist wichtig, dass wir uns dies zu jedem Zeitpunkt klar machen. Denn es könnte in einem solchen Fall sinnvoll erscheinen, ursprünglich für wichtig erachtete Indikatoren nicht weiter zu verfolgen, d.h. sie einfach ,rauszuwerfen' und neue, bisher nicht bedachte oder noch unbekannte Aspekte als Indikatoren nachträglich aufzunehmen. Vor allem die qualitativen Verfahren bieten hier sehr gute Möglichkeiten, explorativ, d.h. ,offen für neue Erkenntnisse' vorzugehen. ,Forschen in eigener Sache', so wie wir es verstehen, heißt also einerseits, immer Offenheit zu bewahren: Neues, Unerwartetes, nicht Vermutetes im Alltagsgeschäft beachten und in unsere Überlegungen mit einbeziehen. Andererseits aber

– und das ist kein Widerspruch, sondern eine sinnvolle Ergänzung – muss vor allem ein solches Vorgehen zuverlässig dokumentiert werden und insgesamt von Regeln geleitet sein.

Auch hier kann, wie an einigen anderen Stellen schon, *Triangulation* sehr hilfreich sein. Im übertragenen Sinne sollten wir versuchen, den Gegenstand unserer Evaluation aus möglichst vielen Blickwinkeln und Perspektiven zu betrachten, um so eine Gesamtsicht, also ein möglichst stimmiges, weil fassettenreiches und unterschiedliche Perspektiven berücksichtigendes Bild zu erhalten. Regelgeleitetheit des Vorgehens würde in diesem Fall bedeuten, dass sowohl die unterschiedlichen Perspektiven als auch ihre Reihenfolge und Beziehung zueinander genau festgehalten und beschrieben werden.

Eine ganz ähnliche, doppelte Anforderung stellt sich uns, wenn es schließlich um die *Interpretation* der erhaltenen Ergebnisse geht: Einerseits müssen wir begründet schlussfolgern und die Rechtfertigung der eigenen Interpretation nach außen versuchen. Dies sind Versuche zur Herstellung von Nachvollziehbarkeit und einer möglichst hohen Übereinstimmung bei der Bewertung der Gültigkeit der Ergebnisse. Andererseits müssen unsere Schlussfolgerungen auf die relevante Praxis rückbeziehbar sein.

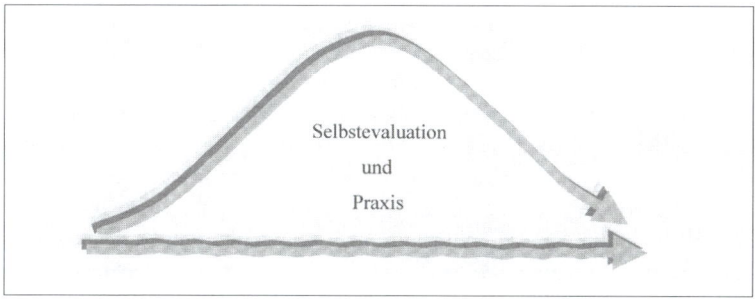

Der Bogen, den wir zu Beginn als Bild für ein Selbstevaluationsverfahren gewählt haben, kann sich schließen, indem wir versuchen, die eingangs formulierten Fragestellungen zu beantworten. Der Geltungsbereich für unsere Ergebnisse, der sich auf diejenige Praxis beschränkt, aus der die Informationen stammen, muss beachtet und eingehalten werden. Darüber hinausgehende Verallgemeinerungen sind zunächst, ohne weitere methodische Überlegungen, nicht zulässig.

Insgesamt betrachtet muss es uns darum gehen, ein möglichst hohes Maß an *Zuverlässigkeit* herzustellen – und zwar sowohl bei der Erhebung als auch bei der Auswertung der Daten. Mess- und Auswertungsfehler können vermieden werden, z.B. indem

- bei der Anwendung von Beobachtungsmethoden mehrere BeobachterInnen eingesetzt und anschließend deren Ergebnisse miteinander verglichen werden,

- bei Interviews und bei Beobachtungen kleine ‚Schulungen' oder Übungseinheiten vorgeschaltet werden,

- beim nachträglichen Kodieren, Zuordnen oder Kategorisieren von qualitativen Daten genaue Regeln für die Zuordnung, am besten verbunden mit Beispielen, aufgestellt werden,

- bei der Erhebung und Auswertung – vor allem größerer Datenmengen – immer wieder systematisch nach Fehlern, Unstimmigkeiten und Widersprüchlichkeiten gesucht wird.

Wenn die Gelegenheit besteht, ist es deshalb – auch im Sinne der Triangulation – immer sinnvoll, mehrere Strategien und Methoden parallel zueinander einzusetzen – selbstverständlich mit Rücksicht auf die zur Verfügung stehenden Ressourcen. Auf diese Art können wir sicherstellen, dass eventuelle Fehler im Verlauf der Evaluation eher auffallen und behoben werden können und dass unser Forschungsgegenstand von möglichst vielen Seiten aus beleuchtet werden kann.

Schließlich kommen wir zu einer letzten Überlegung, die die *Glaubwürdigkeit* unserer Auswertung betrifft. Nicht zuletzt unter moralischen Gesichtspunkten ist nämlich zu fragen, ob unsere Interpretationen vollständig und eindeutig sind: Ein möglichst hohes Maß an Unparteilichkeit gegenüber allen Beteiligten und Betroffenen ist letztlich auch ein Gebot der Fairness ihnen gegenüber! Zweifel an der Gültigkeit der Ergebnisse entstehen in dem Maße, in dem es uns nicht gelingt, Positives *und* Negatives herauszuarbeiten, indem wir nicht offen sowohl mit Schwächen als auch mit Stärken dessen argumentieren, was wir beschreiben und bewerten. Immer dann geraten Evaluationsergebnisse sehr schnell ‚unter Verdacht', wenn die Unterschlagung von ‚unangenehmen' Ergebnissen offensichtlich wird. Hier ist ein hohes Maß an Verantwortlichkeit gefragt, das sehr viel mit der Glaubwürdigkeit des gesamten Evaluationsvorhabens zu tun hat.

Mit diesen Überlegungen sind wir schon mitten in der Frage nach der Güte und Qualität unseres gesamten methodischen Vorgehens bei der Evaluation. Bevor wir uns jedoch im nächsten Arbeitsschritt diesem Thema insgesamt zuwenden, zum Ende dieses Arbeitsschrittes noch eine kleine Ermunterung und Ermutigung: Wir sollten versuchen, gerade bei der Erhebung und Auswertung der Daten, uns wirklich als ‚ForscherInnen in eigener Sache' zu verstehen. Die große Chance unserer doppelten Rolle als *PraktikerInnen und als ForscherInnen in eigener Sache* liegt nämlich darin, dass wir als PraktikerInnen zum einen sehr genau Bescheid wissen über unseren ‚Gegenstand' (über unsere Arbeit, unsere KlientInnen usw.) und dass wir als EvaluatorInnen die notwendigen Instrumente dafür besitzen, neue Erkenntnisse über diesen Gegenstand gewinnen zu können.

> ### Praxisbeispiel: Datenerhebung und -auswertung in der ambulanten Pflege
>
> Ein großer Sozialverband führt für seine Fachkräfte im Bereich der ambulanten Pflege seit Jahren eine Fortbildung durch, die eine Qualifizierung der MitarbeiterInnen für Tätigkeiten in der Pflegedienstleitung zum Ziel hat. Durch die neuen gesetzlichen Regelungen und die ständigen Veränderungen am wachsenden ‚Pflegemarkt' sieht sich die zuständige Referentin für Fort- und Weiterbildung veranlasst, sowohl Maßnahmen zur Kontrolle des Erfolgs solcher Fortbildungen zu ergreifen als auch Näheres über das genaue Qualifikationsprofil in Erfahrung zu bringen, das Pflegedienstleitungen in modernen ambulanten Diensten sinnvollerweise aufweisen sollten. Im Kontakt zur Fachhochschule für Sozialwesen entsteht das Konzept für eine Untersuchung, die sowohl Leitungskräfte als auch die MitarbeiterInnen in diesem Bereich unter anderem zu den zentralen Bestandteilen eines Qualifikationsprofils für Pflegedienstleitungen befragt. Im Zuge der Erarbeitung theoretischer Grundlagen wird der Gegenstand ‚Kompetenz' zunächst in drei Dimensionen (Selbst-, Methoden- und Sozialkompetenz) und schließlich in insgesamt 18 Items operationalisiert. Daraus entstehen geschlossene Fragen, für die jeweils eine sechsstufige Skala zur Beantwortung vorgesehen ist. Daneben entsteht jedoch auch ein gezielt formulierter Katalog aus insgesamt zehn offenen Fra-

gen, die allesamt auf Verbesserungsvorschläge zum bestehenden Konzept der Fortbildung abzielen.

Mit der Unterstützung einer studentischen Hilfskraft erfolgt die quantitative Analyse der Daten aus den geschlossenen Fragen am PC (SPSS und Excel) und führt schnell zu aufschlussreichen Ergebnissen. Die grafische Aufbereitung erweist sich mit Unterstützung von außen als unproblematisch und gut geeignet, um den KollegInnen eine sinnvolle Interpretation und Verwertung der Ergebnisse zu ermöglichen. So stellt sich etwa heraus, dass es zwischen Leitungskräften und MitarbeiterInnen signifikante Unterschiede im Hinblick auf den Umgang mit konstruktiver Kritik gibt: Sind die MitarbeiterInnen der Meinung, nicht genügend dazu ermuntert zu werden und mit geäußerter Kritik sowieso ins Leere zu laufen, so sehen die Leitungskräfte dieses Manko eher als eine unnötige Zurückhaltung und als mangelndes Engagement auf der anderen Seite.

Im Rahmen der Auswertung der offenen Fragen erfolgt eine ‚kleine' qualitative Inhaltsanalyse, die alle vorgeschlagenen Verbesserungen zunächst in fünf Kategorien (z.B. Führungsverhalten) sammelt. Danach wird versucht, innerhalb dieser Kategorien eine sinnvolle Struktur zu schaffen und die einzelnen Vorschläge nach ihrer Wichtigkeit und Dringlichkeit zu ordnen. So entsteht für die zuständige Referentin bereits nach kurzer Zeit ein umfassendes Bild der zentralen Ansatzpunkte für eine Überarbeitung ihres Fortbildungskonzeptes und zusätzlich die Möglichkeit, die Qualität ihrer eigenen Arbeit nach außen zu dokumentieren.

Schritt 9: Qualität der Evaluation beurteilen

- Wie gut ist unsere Selbstevaluation?
- Wie legitim ist die Verwertung der Ergebnisse in der Praxis?
- Welche Kriterien sind sinnvoll bei der Beurteilung des Vorgehens und der Ergebnisse?

1	Ziele festlegen	*Warum?*
2	Bedingungen klären	*Wann?*
3	Gegenstand bestimmen	*Was?*
4	Operationalisieren	*Was?*
5	Kriterien entwickeln	*Woraufhin?*
6	Informationsquelle auswählen	*Wen?*
7	Methoden entwickeln	*Wie?*
8	Daten erheben, auswerten	*Wie?*
9	Qualität beurteilen	*Wie gut?*
10	Ergebnisse verwerten	*Wozu?*

Der selbe Gedanke, der ursprünglich Anlass für das gesamte Evaluationsvorhaben in der Praxis Sozialer Arbeit war, führt uns nun dazu, die Qualität der Evaluation selbst zum Gegenstand unserer bewertenden Überlegungen zu machen. Dazu sollte aus zwei Gründen eine kleine aber möglichst aussagekräftige ‚Evaluation der Evaluation' durchgeführt werden:

(1) *Fehler, die bereits im Verlauf der Evaluation passieren, können rechtzeitig erkannt und behoben werden.* Wenn Kriterien zur Beurteilung des Evaluationsverlaufs von Anfang an zur Verfügung stehen und im Verlauf der Evaluation mit angewendet werden, dann können wir jederzeit ein Urteil darüber abgeben, ob auch wirklich gültige und deshalb verwertbare Ergebnisse produziert worden sind (formativer Nutzen).

(2) *Die Glaubwürdigkeit der Ergebnisse nach Abschluss der Evaluation kann erhöht werden.* Wenn wir zum Abschluss der Evaluation – unser

Vorgehen zusammengefasst bewertet – den plausiblen Nachweis erbringen können, dass unsere Ergebnisse gültig sind, dann wird dadurch die ‚äußere' Akzeptanz bei der Umsetzung der Ergebnisse wesentlich erhöht werden (summativer Nutzen).

Welches sind nun aber die entscheidenden Kriterien, mit denen wir die ‚Güte' unserer Selbstevaluation beurteilen können? Die Frage nach der Qualität unserer Ergebnisse, letztlich des gesamten Vorgehens, ist in den vergangenen Arbeitsschritten schon an vielen Stellen angesprochen worden. Die Hinweise entlang der einzelnen Schritte des Leitfadens und in den jeweiligen Checklisten beinhalten im Prinzip sehr viele Einzelkriterien dafür, was es heißt, gut zu evaluieren bzw. evaluiert zu haben. Trotzdem werden in der Literatur – sinnvollerweise – übergeordnete Gütekriterien zur Beurteilung von Evaluationsvorhaben beschrieben. Wir finden sie

- sowohl ganz allgemein für die Empirische Sozialforschung und den Bereich der *Qualitativen Sozialforschung,*

- als auch spezieller zugeschnitten auf Projekte und Vorhaben in der Praxisforschung für die Soziale Arbeit und auf Evaluation im sozialpädagogischen Bereich.

Auf die jeweilige Logik und die theoretischen Hintergründe dieser verschiedenen Ansätze kann an dieser Stelle nicht ausführlich eingegangen werden. Für Interessierte sei auf entsprechende Literatur hingewiesen:

Gütekriterien zur Beurteilung von Projekten und Vorhaben aus dem Bereich der ...			
Empirischen Sozialforschung (vgl. Bortz/ Döring, 2002, S. 3326ff.)	Qualitativen Sozialforschung (vgl. Mayring, 1996, S. 115ff.)	Praxisforschung in der Sozialen Arbeit (vgl. Moser, 1995, S. 117)	Evaluation sozialpädagogischer Praxis (vgl. Sanders, 1999)
• Validität • Reliabilität • Objektivität	• Verfahrensdokumentation • Argumentative Interpretationsabsicherung • Regelgeleitetheit • Kommunikative Validierung • Triangulation	• Transparenz • Stimmigkeit • Adäquatheit • Intersubjektivität • Anschlussfähigkeit	• Nützlichkeit • Durchführbarkeit • Korrektheit • Genauigkeit

Diese allgemeineren Überlegungen bilden die Grundlage für die Entscheidung darüber, welche Kriterien denn sinnvoller Weise auf Selbstevaluationsprojekte anzuwenden sind. Wenn wir uns an die besonderen Merkmale von Selbstevaluation erinnern (Praxisorientierung, Lebensweltorientierung, Subjektorientierung, Prozessorientierung und das Selbstorganisationsprinzip), dann wird sehr schnell deutlich, dass zwei Arten von Gütekriterien *nicht* bzw. nur sehr bedingt übertragbar sind:

- Einerseits die auf *Objektivität* angelegten Standards: Wenn wir selbst evaluieren, können wir dies selbstverständlich nicht unabhängig von unserer eigenen Person und ihren Interessen tun. Selbstevaluation ist per se nicht objektiv!

- Andererseits die sehr *aufwändigen Güteprüfverfahren*: Wir haben in aller Regel nicht die zeitlichen und fachlichen Ressourcen!

Die wohl ausführlichsten und differenziertesten Überlegungen, welche Kriterien speziell an Selbstevaluationsvorhaben anzulegen wären, stellen die ‚Standards für Selbstevaluation‘ der Deutschen Gesellschaft für

Evaluation dar. Sie sind unter Federführung von Hildegard Müller-Kohlenberg und Wolfgang Beywl (2003) in einem sehr langfristig und aufwändig angelegten Diskussions-, Konsultations- und Beratungsprozess
und unter Beteiligung einer großen Zahl von Fachkräften und ExpertInnen aus vielen Feldern der Sozialen Arbeit entwickelt worden. (vgl.
auch DeGEval, 2004)

Selbstevaluationen erfordern demnach klar vereinbarte und gesicherte
Rahmenbedingungen (Muss-Standards) und sollen vor allem vier
grundlegende Eigenschaften (Soll-Standards) aufweisen: Nützlichkeit,
Durchführbarkeit, Fairness und Genauigkeit. Diese Standards können
eine Diskussion in Evaluationsteams im Hinblick auf die Frage nach der
Güte des Verfahrens in jeder Hinsicht bereichern.

Allerdings gibt es einer so ausführlich und differenziert formulierten Anforderung gegenüber auch kritische und relativierende Überlegungen
(vgl. König, 2003), die es zu bedenken gilt und in die Frage münden
könnten, ob denn nicht die Messlatte zu hoch liegt. Es scheint ein grundsätzliches Dilemma zu sein: Obwohl die Notwendigkeit solcher Standards gerade für Selbstevaluationen angesichts der immer wieder erhobenen Vorwürfe mangelnder Objektivität evident erscheint, werden an
vielen Stellen dieser Standards sehr hohe methodische und den Aufwand
betreffende Ansprüche formuliert. Es macht daher Sinn, über eine Bündelung und Konzentration der wesentlichen Aussagen der Standards
nachzudenken – wohlgemerkt: Nicht um diese zu ersetzen, sondern um
interessierten und motivierten Fachkräften eine zusätzliche, jedoch kür-
zere Orientierung zu ermöglichen. Vielleicht kann so verhindert werden,
dass der fatale Eindruck entsteht, der Aufwand im Zusammenhang mit
der Sorge um die Qualität des Evaluationsverfahrens könnte noch größer
sein als der, der mit der Sorge um die Qualität der eigentlichen Arbeit,
um die es ja primär geht, verbunden ist.

Vor dem Hintergrund solcher Überlegungen und vieler Erfahrungen in
der Begleitung und Beratung von Selbstevaluationsprozessen in der
Praxis vieler Felder der Sozialen Arbeit bleiben im Sinne einer solchen
‚Bündelung' der wesentlichen Gehalte der erfahrungsgemäß wichtigsten Standards die folgenden fünf Kriterien, die uns – in Frageform formuliert – unverzichtbare Anhaltspunkte für die Beurteilung der Qualität
unseres Vorgehens liefern. Ihre Darstellung ermöglicht uns zweierlei:

- Eine Verlaufskontrolle entlang unseres Vorgehens (*formative* Funktion: Machen wir gerade alles richtig?)

- Die Erstellung eines nachträglichen Belegs dafür, dass wir alles Wichtige berücksichtigt haben (*summative* Funktion: Besitzen unsere Ergebnisse Gültigkeit und ist deren Verwertung deshalb legitim?)

Kriterium 1: Realisierbarkeit – bezieht sich auf die Bedingungen, Ressourcen und die Effizienz des Verfahrens.	✔
• Sind die Bedingungen geschaffen, damit die ausgewählten oder entwickelten Methoden überhaupt einsetzbar sind? Gibt es Ressourcen, die zur Verfügung stehen müssen, damit Methoden überhaupt einsetzbar werden? (Geräte, PCs, Software ...)	
• Haben wir genügend methodisches Know-how im Team? Wenn nicht, besteht die Möglichkeit, sich in den wesentlichen Fragen und Entscheidungen Rat und Unterstützung von außen zu holen?	

Kriterium 2: Angemessenheit – bezieht sich auf die Auswahl der Methoden und der Datenquellen.	✔
• Sind unsere Methoden geeignet, die Evaluationsziele zu verfolgen, die wir vorher formuliert haben (Schritt 1)? Passen sie zur Ausgangsfrage, die der Evaluation zu Grunde liegt?	
• Sind die Methoden dem Untersuchungsgegenstand angemessen? Erheben wir tatsächlich das, was wir wissen wollen?	
• Passen die Methoden zu den Personen, von denen wir Informationen (Daten) haben wollen? Ist sie für die Befragten transparent, verständlich, nachvollziehbar?	

Kriterium 3: Gültigkeit – bezieht sich auf die Auswahl, Formulierung und Operationalisierung des Gegenstandes.	✔
• Haben wir den Gegenstand gut operationalisiert? D.h.: Passen die gewählten Indikatoren zum Gegenstand? Bilden sie ihn vollständig ab?	
• Sind unsere Indikatoren konkret genug? D.h.: Können wir sie wirklich direkt im Alltag erfassen?	
Kriterium 4: Regelgeleitetheit – bezieht sich auf die Offenlegung und Dokumentation der Systematik des Verfahrens insgesamt.	✔
• Gelingt es, die Vorgehensweise in allen wichtigen Schritten zu dokumentieren?	
• Können die wesentlichen Entscheidungen, die unserem Vorgehen zu Grunde liegen, für ,außenstehende Interessierte' nachvollziehbar begründet werden?	
Kriterium 5: Verwertbarkeit – bezieht sich auf die Umsetzung der Ergebnisse im Sinne der Ziele des Verfahrens.	✔
• Sind unsere Ergebnisse umsetzbar und in der Praxis anschlussfähig?	
• Können wir eine für unsere Praxis passende Verwertungsstrategie entwickeln (Schritt 10), die auf den Ergebnissen aufbaut?	

Am folgenden Praxisbeispiel wird unter dem Gesichtspunkt der Qualität eines Selbstevaluationsvorhabens der Verlauf eines kleineren Evaluationsprojektes dargestellt.

Praxisbeispiel: Bewertender Rückblick auf eine Selbstevaluation
in der ambulanten Straffälligenhilfe für Jugendliche und
Heranwachsende
(Ein Kollege aus einer freien Einrichtung berichtet.)

Wir arbeiten in mehreren zeitlich und teilweise auch inhaltlich miteinander verzahnten Arbeitsfeldern: Organisation und Begleitung von
Arbeitsweisungen, Betreuungsweisungen, unterschiedliche Gruppen-
angebote und Trainingskurse. Unabhängig davon werden Geschäfts-
führung, Buchhaltung und Büronachschub erledigt. Alle fünf Kolleginnen arbeiten in so gut wie allen pädagogischen Arbeitsbereichen.
Ich selber arbeite hauptverantwortlich im Bereich der Arbeitsweisungen und übernehme Betreuungsweisungen.

Nachdem sich in den letzten Jahren die Fallzahl im Bereich der Arbeitsweisungen ständig erhöhte, der Personalstand aber auf gleichem Ni-
veau blieb, entstand bei den KollegInnen das Gefühl permanenter Zeit-
not mit der Folge von Unzufriedenheit, Erschöpfung, Einzelkämpfer-
tum (jeder muss mit seinem Arbeitspensum irgendwie fertig werden)
und vermehrten Reibereien im Team. Es ergab sich die Frage, wie mit
der erhöhten Belastung im Bereich Arbeitsweisungen und im Verhältnis dazu mit den übrigen pädagogischen Arbeitsbereichen in Zukunft
umgegangen werden soll.

In dieser Situation habe ich mich entschieden, zunächst auf eigene
Faust die von mir ausgeübten Tätigkeiten im Hinblick auf die für sie
verwendete Arbeitszeit zu dokumentieren und auszuwerten mit dem
Ziel, zunächst einmal einen Überblick über die in die unterschiedlichen
Arbeitsbereiche fließende Zeit zu erhalten.

Ein weiter gehendes Ziel war, einen Einstieg in eine Strategie der ständigen Selbstevaluation unserer Arbeit zu finden, ein mögliches Vorgehen zu erarbeiten und anzuwenden, zu ersten Ergebnissen zu kommen
und diese Ergebnisse im Team vorzustellen, um auf dieser Basis dann
ein eventuelles weiteres, wenn möglich gemeinsames und umfassen-
deres Vorgehen zu planen.

Als Erstes habe ich die von mir ausgeübten Tätigkeiten zu beschreiben
und gegeneinander abzugrenzen versucht, wobei ich ursprünglich sieben Einzelbereiche gefunden habe. Ein erster Versuch, diese sieben
Bereiche laufend zu dokumentieren, führte zu einer Zusammenfassung
der sieben Bereiche in vier Bereiche, die alle mit einer treffenden Ab-
kürzung versehen wurden.

BTW	Betreuungsweisungen: Klientenkontakte, Telefonate, Fallbesprechungen, Gespräche, Aktenführung, Berichte
E	Einteilung für Hilfsdienste: Anzahl und Dauer der Klientenkontakte
HD	Hilfsdienste: Alle Arbeitsschritte außerhalb der direkten Klientenkontakte, wie Mahnverfahren, Telefonate, Fallbesprechung, Arbeitsstellenbetreuung und- akquise u.a.m.
SO	Sonstiges: alle weiteren Tätigkeiten im Rahmen meiner Arbeit wie Teamsitzung, Sozialer Trainingskurs, Kollegengespräche über andere Dinge als Arbeitsweisungen/Betreuungsweisungen, Praktikantenanleitung, Besprechungen mit JGH/StaAnW, Computerprobleme lösen, Blumengießen etc.

Danach habe ich in zwei Phasen insgesamt 67 Arbeitstage mit zusammen 529 Arbeitsstunden zeitlich dokumentiert, indem ich bei jeder Tätigkeit eine Angabe über die für sie verwendete Zeit zunächst in ein Schmierheft notiert habe (dieses Heft habe ich immer und überall bei mir gehabt) und die Angaben jeweils am Freitag wochenweise in eine Excel-Tabelle übertragen habe. Es ergab sich folgende prozentuale Zeitaufwand für die vier dokumentierten Tätigkeitsbereiche:

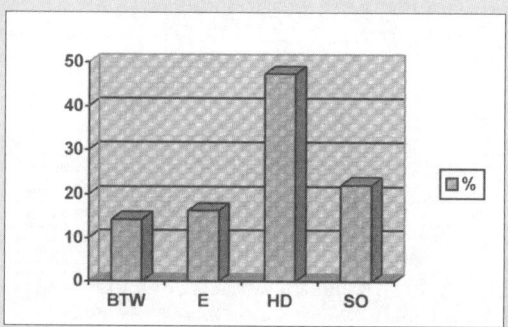

Es stellte sich also heraus, dass ich im Dokumentationszeitraum 14% meiner Arbeitszeit für den Bereich Betreuungsweisungen, 22% für sonstige Tätigkeiten und fast 64% für den Bereich Arbeitsweisungen aufwende. Diese 64% unterteilen sich in ca 25% direkte Klientenkontakte (siehe E) und ca. 75% Aktenführung u.a. (siehe HD).

Als Folge dieser Berechnung war es u.a. möglich, den durchschnittlichen Zeitaufwand pro Betreuungsweisung und Woche bzw. die durchschnittliche Zeitdauer eines Einteilungsgespräches zu berechnen. Daraus ergab sich die Frage, wie die Arbeitsabläufe bei den Hilfsdiensten außerhalb der direkten Klientenkontakte so organisiert werden können, dass z.B. weniger Zeit in die Verwaltung der Akten investiert werden muss, ohne dass die Qualität der Aktenführung darunter leidet. In der Folge wurde daher u.a. ein Arbeitsplatz direkt am Aktenschrank installiert, damit nicht ständig einzelne Akten quer durch das Büro getragen werden müssen (Hintergrund: Wir führen einen gemeinsamen, zentral gelegenen Aktenschrank außerhalb der einzelnen Arbeitsräume). Außerdem wurde ein mehrfarbiges Aktenreitersystem erdacht, um bestimmte Akten besser im Blick behalten zu können.

Indem ich in einer zweiten Rechnung die Kosten einer Arbeitsminute auf der Basis der durch mich entstehenden Bruttopersonalkosten ermittelte, konnte ich berechnen, wie viel ein Klientenkontakt im Arbeitsfeld Arbeitsweisungen durchschnittlich kostet, wenn das Gespräch von mir geführt wird. Ebenso konnte ich die Kosten einer von mir durchgeführten Betreuungsweisung berechnen. Auf der Basis dieser Berechnungen lässt sich letztlich bestimmen, ob die Höhe kommunaler Zuschüsse für bestimmte Tätigkeiten angemessen ist oder nicht. Allein diese beiden Ergebnisse eines kleinen einzelnen Evaluationsvorhabens offenbaren die Dimensionen, die eine regelmäßige und umfassendere bzw. tiefgehendere Evaluation haben könnte.

Das beschriebene kleine Pilotprojekt diente zunächst der Klärung der Frage, ob ein solches Vorgehen, wie beschrieben, überhaupt sinnvoll ist. Ich denke, dass ich diese Frage ganz eindeutig mit Ja beantworten kann. Schon jetzt kann ich beispielsweise feststellen, dass ich unter Zugrundelegung der Kosten für einen Klientenkontakt und des kommunalen Zuschusses zur Erledigung des Arbeitsfeldes Arbeitsweisungen das Verfahren in all jenen Fällen, die mehr als einen persönlichen Klientenkontakt benötigen, nach dem zweiten Kontakt nahezu und nach dem dritten Kontakt absolut kostenlos führe. Natürlich gleichen sich diese Fälle finanziell möglicherweise mit jenen aus, die mit nur einem Kontakt erledigt werden können, so dass schon deutlich wird, dass eine differenziertere Dokumentation des Arbeitsfeldes vorgenommen werden müsste, um tiefergehende Fragen beantworten zu können. Damit komme ich zu der Einsicht, dass vollständige Aussagen über unsere Arbeit erst dann gemacht werden können, wenn alle KollegInnen ihre Arbeit nach einem einheitlichen System dokumentieren. Erst dann kommen wir zu Aussagen über unsere Arbeit insgesamt und nicht nur zu Aussagen über meine Arbeit als Teil des Ganzen. Ein solches Vorhaben wird uns aber vor mindestens drei Fragen stellen, die es im Team zu klären gilt:

(1) Woher nehmen wir die Zeit, unsere Arbeit so ausgedehnt nebenher zu dokumentieren und auszuwerten? Ist uns die Angelegenheit so wichtig, dass wir Arbeitszeit investieren oder ist sie uns noch wichtiger, so dass wir Freizeit investieren? Gibt es denn einen Ausgleich dafür?

(2) Wie kann ein methodisches Vorgehen aussehen, das einfach zu handhaben und wenig aufwändig sein sollte, weil es arbeitsbegleitend durchgeführt werden muss?

(3) Auf welche Ziele beschränken wir uns? Man verfällt schnell in die Manie, alles wissen und daher dokumentieren zu wollen, ohne nach der Wichtigkeit der möglichen Ergebnisse zu fragen. Die daraus folgende Datenflut erschlägt dann oft ein gut gemeintes Vorhaben.

Insgesamt bin ich bestärkt in der Einsicht, dass Bescheidenheit im Evaluationsvorhaben eine Zier ist und dass Selbstevaluation ein gutes Mittel ist, die laufende Arbeit ständig zu verbessern und Kosten und Nutzen der Arbeit sinnvoll nachweisen zu können.

Es handelt sich bei diesem Praxisbeispiel zwar um ein sehr bescheidenes Selbstevaluationsprojekt. Trotzdem wird deutlich, dass es gerade in seiner Einfachheit alle gestellten Kriterien erfüllt: Es ist der Situation in der Einrichtung *angemessen*, war (relativ) leicht zu *realisieren*, ist im Vorgehen klar und *nachvollziehbar*, die Ergebnisse schließlich *stimmen* und – sind im Rahmen ihrer Reichweite – von hoher *Verwertbarkeit*.
Ein nicht unwesentliches Problem bleibt jedoch bestehen, wenn wir die oben genannten Gütekriterien für die Beurteilung einer Selbstevaluation zugrunde legen: nämlich die Forderung nach *Objektivität* des Verfahrens und damit der Ergebnisse. Berechtigterweise wird grundsätzlich

angestrebt, dass Forschungsergebnisse generell und damit auch Evaluationsergebnisse objektiv, d.h. unabhängig von den Personen zu Stande kommen sollen, die für das Vorhaben verantwortlich und mit seiner Durchführung betraut sind. Hier stoßen wir auf ein grundsätzliches Problem, an einen zentralen, nicht ohne Weiteres lösbaren Widerspruch in der Logik von Selbstevaluation. Sie kann qua Definition nie objektiv sein. Und das wirft – zugespitzt formuliert – die Frage auf: „Kann ein Täter Richter sein?" (Müller, 1997, S. 22) Oder anders formuliert: Haben wir die *Kompetenz* und das *Recht*, beschreibende und vor allem bewertende Aussagen über die Qualität unseres eigenen Alltagsgeschäfts zu machen? Die eindeutige Antwort auf beides lautet: Ja. Denn gerade in der Doppelrolle der Fachkräfte als helfende *und* forschende Akteure liegt neben vielen angesprochenen methodischen Unwägbarkeiten der große Vorteil von *Selbst*evaluationsverfahren – nämlich der, richtige, realitäts- und damit wahrheitsgetreue Erkenntnisse über den Untersuchungsgegenstand zu erhalten. Objektivität (d.h. Unabhängigkeit der Ergebnisse von den Evaluierenden) und Validität (Gültigkeit der Ergebnisse) stehen zwar somit in einem grundsätzlich nicht lösbaren Konflikt miteinander. Das Wissen über diesen Widerspruch ist die einzige und daher besonders wichtige Gewähr dafür, dass es funktioniert, ‚Täter' und ‚Richter' in einer Person zu sein. Unter einer Bedingung: Wir können nicht beides gleichzeitig tun. Wir brauchen für die Richterrolle Distanz und Freiraum zur Reflexion unserer eigenen Praxis, Entlastung vom Entscheidungsdruck des Alltags, in dem wir als Fachkräfte arbeiten (Schritt 2). Ohne diese Voraussetzung kann Selbstevaluation nicht gelingen. Die Lebenswelt- und Subjektorientiertheit von Selbstevaluationen, d.h. nahe bei denen zu sein, um die es geht und vieles schon zu wissen, was für die Bewertung des jeweiligen Gegenstandes von Bedeutung ist, kann dann aber – gerade unter dieser Voraussetzung – als entscheidender Vorteil und als eigenständiges, selbstevaluationsspezifisches Qualitätsmerkmal verstanden und genutzt werden. Sie wird dann gerade *nicht* zur subjektiven Beliebigkeit im Vorgehen verleiten. Ganz im Gegenteil: Die Regelgeleitetheit und Nachvollziehbarkeit einer Selbstevaluation bringt auf diese Weise eine Grundhaltung zum Ausdruck, die um Offenlegung der eigenen Vorgehensweise bemüht ist und dadurch nach außen und prinzipiell für alle diskutierbar und kritisierbar bleibt.

Schritt 10: Ergebnisse verwerten

- Wie können Ergebnisse und Schlussfolgerungen aus einer Evaluation veröffentlicht werden?
- Was ist bei der Präsentation der Ergebnisse und bei der Erstellung eines Abschlussberichtes zu beachten?
- Worauf kommt es bei der Initiierung von Konsequenzen und Veränderungen in der Praxis an?

1	Ziele festlegen	*Warum?*
2	Bedingungen klären	*Wann?*
3	Gegenstand bestimmen	*Was?*
4	Operationalisieren	*Was?*
5	Kriterien entwickeln	*Woraufhin?*
6	Informationsquelle auswählen	*Wen?*
7	Methoden entwickeln	*Wie?*
8	Daten erheben, auswerten	*Wie?*
9	Qualität beurteilen	*Wie gut?*
10	Ergebnisse verwerten	*Wozu?*

Der zehnte Schritt bildet das Abschlussstück eines langen Bogens. Er wurde gespannt, ausgehend von der Frage, warum eine Selbstevaluation in einer bestimmten Situation des beruflichen Alltagsgeschäfts sinnvoll erschienen ist, bis hin zu der Stelle, an der wir uns jetzt befinden: Was soll nun an diesem Punkt auf Grund der Erkenntnisse, die wir gewonnen haben, in unserer Praxis erreicht werden? Es geht also um die Verwertung der Ergebnisse.

Die Ergebnisse einer Evaluation verwerten heißt zweierlei: *Zum einen*, sie unter allen Beteiligten und Betroffenen bekannt machen und *zum anderen*, Konsequenzen aus den Ergebnissen für die Praxis, in der sie entstanden sind, anzuregen, in die Wege zu leiten oder selbst zu ziehen. Dazu muss zunächst folgendes geklärt werden:

- Wer soll informiert werden über die Ergebnisse?

- Welches sind mögliche AnsprechpartnerInnen für Veränderungen und Konsequenzen?

- Auf welchen Ebenen und an welchen Stellen einer Organisation fallen die relevanten Entscheidungen?

- Wo fallen also unsere Ergebnisse am ehesten „auf fruchtbaren Boden"?

Dies darf umgekehrt aber nicht bedeuten, dass anderen dabei Ergebnisse vorenthalten werden: Dem eigenen *Bedarf* an Veröffentlichung der Ergebnisse aus strategischen Gründen entspricht die *Pflicht zur* Information gegenüber all denjenigen, die an der Evaluation beteiligt oder von ihr betroffen sind. Dieses ‚Gebot der Aufrichtigkeit' und der Offenheit gilt, wie wir gesehen haben, für alle Phasen des Evaluationsprozesses, besonders aber an dieser Stelle. Eine möglichst breite und offensive Informationspolitik kann zudem Vorbehalte, Unterstellungen und Verunsicherungen bei den Betroffenen vermeiden und abbauen helfen. Das Prinzip des möglichst konsensualen Vorgehens sollte also auch und gerade an dieser Stelle verwirklicht werden.

Nachdem wir nun wissen, wen wir wozu mit den Informationen über unsere Ergebnisse erreichen wollen, stellt sich die Frage nach der *Art* ihrer Veröffentlichung. In aller Regel ist es sinnvoll, einen – den Ressourcen und dem Umfang des Projektes entsprechend – möglichst ausführlichen ‚Abschlussbericht' anzufertigen. Darin enthalten sind in aller Regel

- die *Ergebnisse*, d.h. das, was sich bei den Beschreibungen und Bewertungen des Gegenstandes ergeben hat.

- die möglichst nachvollziehbar gestaltete *Dokumentation der methodischen Vorgehensweise*. Dadurch kommt die Regelgeleitetheit unseres Vorgehens zum Ausdruck und unser Projekt wird transparent, diskutierbar und prinzipiell kritisierbar. Als mögliches Gliederungsschema für diesen Teil bieten sich die im Leitfaden enthaltenen W-Fragen an.

- eine *Zusammenfassung* der wesentlichen Ergebnisse, Erkenntnisse und Schlussfolgerungen. Vor allem bei größeren Berichten hat es sich als lesefreundlich erwiesen, eine Zusammenfassung in Form eines ‚Abstracts' an den Anfang des Berichts zu stellen.

Ausgehend von diesem ausführlichen Bericht sind verschiedene zusätzliche Veröffentlichungsstrategien denkbar: Gekürzte *schriftliche* Versionen können zu Fachartikeln, Zeitungsmeldungen, Presseinformationen oder organisationsinternen Veröffentlichungen weiter verarbeitet werden. Es lohnt sich, darüber nachzudenken, ob nicht auch eine *mündliche* Form der Präsentation der Ergebnisse in Frage kommt. Beiträge auf Tagungen, Studientagen, Podiumsdiskussionen oder Hearings bieten nämlich genauso wie eigens dafür konzipierte Präsentationsveranstaltungen (z.B. auch eine kleine Pressekonferenz) eine große Chance: Neben der Information einer gezielt ausgewählten Öffentlichkeit kann auch ein Gespräch über die Ergebnisse entstehen oder ein Meinungsbildungsprozess unter EntscheidungsträgerInnen initiiert werden. Dadurch kommt ein nicht nur *einseitiger* (wie bei der schriftlichen Form), sondern auch *gegenseitiger* Austausch über die Ergebnisse der Evaluation in Gang.

Ist die Entscheidung für eine solche Präsentation gefallen, dann lohnt es sich, diese gut vorzubereiten, d.h. genau zu überlegen,

- wer eingeladen werden soll und muss,

- welches die zentralen Botschaften an die Anwesenden sein sollen,

- welche Rahmenbedingungen notwendig und sinnvoll sind (Dauer, Raum, Medien, Sprache ...)

Dazu sei auf zwei sehr informative Bücher als gute Ratgeber und Hilfen hingewiesen:

Montamedi, S. (1993). Rede und Vortrag. Sorgfältig vorbereiten, stilistisch ausarbeiten, erfolgreich durchführen. Weinheim /Basel: Beltz.
Nietmann, H., Funk, R. & Hartmann, M. (1992, 2.Aufl.). Präsentieren. Präsentationen: zielgerichtet und adressatenorientiert. Weinheim /Basel: Beltz.

Im Wesentlichen sind es drei Überlegungen, die unser Vorgehen bei dem Schritt der Information über unsere Ergebnisse leiten sollten:

Checkliste Ergebnispräsentation	✓
• *Klarheit.* Verständlichkeit in Ausdruck und Sprache erhöht die Brauchbarkeit eines Evaluationsberichts wesentlich. Fachbegriffe können und sollten natürlich – abhängig von der vorher definierten Zielgruppe – verwendet werden. Zusätzlich wäre an die Anfertigung eines kleinen Glossars zu denken, um dadurch den Kreis der LeserInnen potenziell noch zu erweitern. Wichtig ist es außerdem, auf eine möglichst plausible Argumentation bei der Darstellung des Vorgehens und der Ergebnisse zu achten. Durch beide Maßnahmen kann auch die Glaubwürdigkeit der Darstellung wesentlich erhöht werden.	
• *Ausgewogenheit.* Die Glaubwürdigkeit wird auch immer dann erhöht, wenn in der Berichterstattung Fairness zum Ausdruck kommt: Fairness in der Darstellung von Stärken und Schwächen des evaluierten Gegenstands (also möglicherweise auch der Arbeit von KollegInnen), Fairness im Umgang mit zunächst nicht lösbaren Widersprüchlichkeiten in den Ergebnisse. Die vollständige Darstellung, auch von Ungereimtheiten oder alternativen Interpretationsmöglichkeiten erhöht letztlich die Akzeptanz und verbreitert unter allen Beteiligten und Betroffenen die Basis für gemeinsame Schlussfolgerungen.	
• *Rechtzeitigkeit.* Der Zeitpunkt, der für die Veröffentlichung der Ergebnisse gewählt wird, kann entscheidend sein für den Erfolg von Veränderungen. Neben der Berücksichtigung von eventuellen Fristen, Freigabedaten oder lang zurückliegender Terminvereinbarungen zum gesamten Evaluationsverfahren müssen wir darauf achten, dass die zeitliche Platzierung der Ergebnisse in unsere Gesamtstrategie passt (vgl. Schritt 1) und gleichzeitig „gelegen kommt", also sinnvoll in den Praxisablauf passt.	

Mündliche Präsentationsverfahren haben gegenüber nur schriftlichen Berichten zwei ganz entscheidende Vorteile: Zum einen können eventuelle Unverständlichkeiten, Missverständnisse und Ungereimtheiten in den Ergebnissen, die den EvaluatorInnen vielleicht sogar noch gar nicht bewusst sind, ausgeräumt und geklärt werden. Zum anderen – und damit sind wir beim zweiten Teil der Verwertungsfrage angelangt – kann bereits an dieser Stelle ein Austausch darüber beginnen, welche Konsequenzen denn aus den vorliegenden Ergebnissen für die Praxis zu ziehen sind. Damit ist der entscheidende Punkt im Evaluationsgeschehen erreicht: Die optimale Nutzung der Ergebnisse anzustreben, die Wirkungspotenziale der Evaluation auszuschöpfen heißt, innovative Perspektiven zu eröffnen, Veränderungen und Entwicklungen anzudenken und zu initiieren, letztlich zum Umdenken anzuregen. Und dies in viele mögliche Richtungen:

- Förderanträge für neue Projekte stellen,

- Drittmittel aquirieren, dabei auch an ‚social sponsoring' denken,

- politische Wirkungen planen,

- neue Netzwerke und PartnerInnen mobilisieren,

- Öffentlichkeitsarbeit und Marketing der eigenen Dienstleistungen besser berücksichtigen usw.

Ein solcher ‚Geist der Entwicklung und Erneuerung' wird aber nur dann ein tragbares Fundament für konstruktive Entwicklungen darstellen können, wenn er mit einem realistischen Blick für die tatsächlichen Möglichkeiten verbunden ist. Zu klären bleibt also, wo denn die Ursachen für die momentane Existenz der als veränderungswürdig bezeichneten Umstände liegen. Nur dann nämlich, wenn diese Ursachen *wirklich veränderbar* sind und gleichzeitig im *Verantwortungsbereich* der Beteiligten liegen, besteht auch die Aussicht, dass Verbesserungen kurz- oder mittelfristig möglich werden. Nur so kann vermieden werden, dass große und letztlich nicht erfüllbare Erwartungen zu enormen Frustrationen führen. Dort, wo die Ursachen für bisherige Misserfolge als variabel angesehen werden *und* innerhalb des eigenen Verantwortungsbereiches liegen, sind auch Ansatzpunkte für schnelle Veränderungen zu suchen und zu finden.

Ursachen für bisherige Misserfolge sind ...➤ und liegen ... ▼	... stabil	... variabel
... innerhalb des Verantwortungsbereichs		**Ansatzpunkte für schnelle Veränderungen!**
... außerhalb des Verantwortungsbereichs		

Zum Abschluss der Veröffentlichungsphase eines Evaluationsvorhabens sind Strategien zur Mobilisierung von Unterstützung und Vertretung von Interessen gefragt. Carol L. Williams (1996) hat „Strategien für Praxisforschende" vorgeschlagen, die in leicht modifizierter Weise auch für die Abschlussphase einer Selbstevaluation berücksichtigt werden können. Die folgende Checkliste versetzt uns in die Lage, unserer Rolle als VertreterInnen von Interessen und fachlich – durch die Ergebnisse der Evaluation – begründeten Absichten gerecht zu werden.

Checkliste Verwertungsstrategien und Durchsetzung von Interessen	✓
Meinungsführer identifizieren und Bündnispartner suchen. • Schlüsselpersonen identifizieren • Verantwortung übertragen, Bündnispartner ‚ins Boot holen' • Klare Vereinbarungen über Arbeitsaufträge und andere Konsequenzen treffen • Rolle als hilfreiche Partner bestätigen • Eigenen Nutzen deutlich machen	
Persönliche Beziehungen einsetzen und Glaubwürdigkeit herstellen. • Sich Zeit für wichtige Gespräche nehmen • Absichten und Ziele offen legen • Unsicherheiten erkennen und in Ruhe ausräumen • Sich ernsthaft mit Kritik auseinander setzen • Gespräche mit InteressenvertreterInnen vereinbaren und gut vorbereiten	

143

Praxisbeispiel: Verwertung der Evaluationsergebnisse
im Bereich der stationären Suchthilfe

In einer kleineren Einrichtung der stationären Suchthilfe hat ein lang-
jähriger Mitarbeiter vor kurzem die Leitung übertragen bekommen.
Eine lange, eher unterschwellig geführte Diskussion über die Qualität
der Arbeit in der Einrichtung wird nun neu aufgenommen und die Entscheidung fällt, dass im Rahmen eines internen Selbstevaluationsvorhabens eine konzeptionelle Neuorientierung in Angriff genommen
werden soll. Alle bisher laufenden Angebote aus dem medizinisch-
therapeutischen, den musisch-sportlichen und dem sozialpädagogischen Bereich (Einzel- und Gruppenberatungsangebote) sollen auf
den Prüfstand. Gegenüber dem Kostenträger wird gleichzeitig versucht, Gestaltungswille und Zukunftsfähigkeit zum Ausdruck zu bringen, weil auf Landesebene über die Schließung einzelner kleinerer
Einrichtungen zu Gunsten von größeren Zentren diskutiert worden ist.
Um konkrete Anhaltspunkte für eine Neukonzeption zu erhalten, plant
das ‚SE-Team' (für die Mitglieder dieser Gruppe werden 5 Stunden
Zeitentlastung je Woche für zunächst ein halbes Jahr gewährt) eine
Untersuchung unter den 50 Bewohnern und den 20 MitarbeiterInnen.
Gegenstand der Evaluation soll einerseits die Einschätzung der Wirkung der insgesamt 20 verschiedenen Einzelangebote und andererseits
die Zufriedenheit der Klienten sein, jeweils aus der Perspektive „bei-
der Seiten", also aus der Sicht der KollegInnen und aus der Sicht der
Bewohner.
Bereits die ersten Auswertungen ergeben teilweise erhebliche Unterschiede zwischen den Einschätzungen von Wirkung und Zufriedenheit
auf beiden Seiten. Einrichtungsintern wird daraufhin zunächst an einer
einfachen, für alle verständlichen Veröffentlichung dieser Ergebnisse
in Form von übersichtlichen und grafisch ansprechend gestalteten Pla-
katen gearbeitet, die im Freizeitraum des Hauses ausgestellt werden.
Drei Wochen später findet eine Hausversammlung statt, auf der die
Einschätzungen unter den Bewohnern und den MitarbeiterInnen diskutiert und in Bezug auf mögliche Veränderungen konkretisiert werden.
Schnell ergeben sich zentrale Knackpunkte und Schlüsselprozesse, die
– für alle nachvollziehbar – den Ansatzpunkt für konzeptionelle Veränderungen bilden. Eine kleine ‚Reformkommission' unter Beteiligung
von Bewohnern und MitarbeiterInnen erarbeitet in der Folge

Vorschläge zur Verbesserung der Angebotsstruktur im Freizeit- und gruppenpädagogischen Bereich.

Auf einer zweiten Schiene wird ein detaillierter Bericht über Ergebnisse und Schlussfolgerungen aus dem Selbstevaluationsprojekt erarbeitet. Dieser Bericht soll Grundlage für die Unterbreitung einer Neukonzeption gegenüber dem Kostenträger auf Landesebene sein. Hier geht es vor allem um strukturelle Veränderungen der Angebote, die teilweise kostenneutral zu realisieren sind, teilweise jedoch mit einer notwendigen Erhöhung der Tagessätze verbunden sind. Es wird vorgeschlagen, eine zusätzliche Förderung dieser neuen Angebote im Rahmen eines Modellprojekts des Bundes zu beantragen. Auch die Einschätzungen und Vorschläge der hausinternen ,Reformkommission' werden in den Bericht aufgenommen. Nach einem Vorgespräch mit dem zuständigen Referenten im Landesverband findet außerdem im Rahmen der alljährlichen Landesversammlung eine 30-minütige Präsentation des Verlaufs und der Ergebnisse des Selbstevaluationsprozesses statt.

Zentrale Botschaft an die VertreterInnen aus Verbänden und Sozialpolitik ist dabei die fachliche Profilierung der therapeutischen und pädagogischen Angebote und die damit verbundene Reformbereitschaft der Einrichtung, auch im Hinblick auf die drängenden Fragen nach der Wirtschaftlichkeit künftiger Angebote und Dienstleistungen im Bereich der stationären Suchthilfe.

Zusammenfassung: Ein Leitfaden im Überblick

In zehn Arbeitsschritten sind die wichtigsten Gesichtspunkte zur Planung, Vorbereitung und Durchführung eines Selbstevaluationsprojekts zusammengetragen worden. Sie entstammen vielen praktischen Erfahrungen in den unterschiedlichsten Feldern der Sozialen Arbeit. Der „Leitfaden im Überblick" auf der beiliegenden Karte enthält die zentralen Überlegungen entlang der einzelnen Arbeitsschritte noch einmal gebündelt und auf einen Blick zusammengefasst.

So ist dieser Leitfaden geeignet,

- Planungssitzungen zu strukturieren,

- die Struktur für die Gliederung eines Evaluationsberichtes zu liefern,

- sinnvoll Arbeitsaufträge unter MitarbeiterInnen zu verteilen oder auch nur

- die gemeinsame gedankliche Grundlage für den Entwurf einer eigenen Evaluationsstrategie zu bilden.

Außerdem lässt sich bei inzwischen ‚SE-erprobten' KollegInnen das in diesem Arbeitsbuch zusammengetragene theoretische und methodische Wissen sukzessive durch eigene Erfahrungen ersetzen. Für diejenigen, die gerade dabei sind, sich das notwendige Grundwissen zu erarbeiten, kann dieser zusammenfassende Überblick zudem als Lernzielkontrolle verwendet werden (z.B. im Weiterbildungsbereich oder zu autodidaktischen Zwecken).

5. Anwendungsfragen und -probleme

Forderungen und Visionen

Wir haben gesehen: Selbstevaluation hat mit den Herausforderungen zu tun, denen sich Soziale Arbeit gegenüber gestellt sieht: Die *gesellschaftlich-politische* Relevanz dieser vorgestellten Methoden und Instrumente kommt dort zum Ausdruck, wo es gelingt, durch Selbstevaluation einen Beitrag zum Nachweis des gesellschaftlichen und volkswirtschaftlichen Nutzens Sozialer Arbeit zu leisten. Ihre *wissenschaftlich-theoretische* Funktion hat Selbstevaluation dort, wo sie einen Beitrag zur Theoriebildung „im Kleinen" leistet, wo also durch den empirischen Blick auf die Praxis aus *ihr heraus* Wissen *über sie* entsteht – und so in kleinen Bausteinen eine Praxistheorie von Sozialer Arbeit entstehen und weiter ergänzt werden kann. Dies ist darüber hinaus auch denkbar in einem neuen, gewinnbringenderen Dialog zwischen Wissenschaft und Praxis, der auf Grund eines gestärkten Selbstbewusstseins der PraktikerInnen von mehr Gleichberechtigung geprägt sein könnte. Während der Nutzen auf diesen beiden Ebenen einen eher mosaiksteinartigen Charakter aufweist, können wir nach aller Erfahrung davon ausgehen, dass Selbstevaluation auf der *fachlich-methodischen* Ebene inzwischen einen grundsätzlichen Stellenwert besitzt. Ihre Bedeutung wird im Zuge der Ökonomisierung der Sozialen Arbeit noch weiter zunehmen: Selbstevaluation erweitert sinnvoller- und notwendigerweise das methodische Repertoire im Rahmen der Systematik beruflichen Handelns und trägt zur Weiterentwicklung der beruflichen Identität der Fachkräfte bei, weil sie einen eigenen, ‚internen' empirischen Zugang zur Praxis und damit auf neue Art und Weise den Dialog zwischen Theorie und Praxis ermöglicht. „ForscherIn in eigener Sache" (Heiner, 1988) zu werden bedeutet, den eigenen fachlichen Blick gezielt und empirisch geschult auf die eigene Praxis zu richten, um so Neues über sie (die Praxis) und *sich* (die Fachkraft) zu erfahren.
Ein solcher Beitrag zu einer ‚neuen Fachlichkeit' ist deswegen so wesentlich, weil ‚lernende' soziale Organisationen genau diesen Blick auf ihr Alltagsgeschäft brauchen – einen empirischen, forschenden Blick,

mit dem eine nachvollziehbare Auskunft darüber möglich wird, wie gut die eigenen Dienstleistungen denn nach festgelegten Kriterien und vor dem Hintergrund eines formulierten Bedarfs sind.

Damit schließt sich der Kreis: Wir sind wieder bei unserer Ausgangsfrage nach der Qualität Sozialer Arbeit angelangt und wissen jetzt, wo Selbstevaluation ihren Platz haben könnte im Bemühen um diese Qualität.

Eine Einsicht scheint mir an dieser Stelle allerdings von besonderer Bedeutung zu sein: die Einsicht nämlich, dass der forschende, empirische Blick, den es zu entwickeln und zu kultivieren gilt, gegenwärtig in der Praxis der Sozialen Arbeit nicht selbstverständlich ist. Ein eigener empirischer Zugang der sozialen Dienste auf ihre Praxis wird immer notwendiger und ist gleichzeitig für viele Fachkräfte (noch) nicht vorstellbar. Die Gründe liegen gleichermaßen in der über lange Jahre fehlenden Ausbildung der Fachkräfte im Bereich der empirischen Methoden, in hinsichtlich von Selbstevaluation nicht gegebenen Strukturen in Einrichtungen und im distanzierten – fast entfremdeten – Verhältnis zwischen den Sozialwissenschaften und diesem Teil ihres Gegenstandsbereich (übrigens von beiden Seiten). Fazit: Der eigene empirische Zugang der Sozialen Arbeit zu ihrer Praxis ist etwas Notwendiges und gleichzeitig etwas Neues und Ungewohntes (vgl. dazu Weigand, 1998). Hier besteht also der eigentliche Entwicklungsbedarf. Wir müssen umdenken, vorbei an vielen alten Vorbehalten, Gewohnheiten und Vorurteilen – und zwar auf allen davon betroffenen Ebenen:

- Im *Wissenschaftsbereich*, also an Universitäten, Fachhochschulen und Instituten muss empirische Forschung in der Praxis Sozialer Arbeit und mit ihr überhaupt erst initiiert, neu gedacht und schließlich vor dem Hintergrund der genannten Herausforderungen realisiert werden.

- In der *Ausbildung der Fachkräfte* müssen verstärkt Lehrveranstaltungen und Projekte zu einer eigenen, ganz spezifischen empirischen Kompetenz führen, die sich die Grundüberlegungen zur Reichweite von Selbstevaluation – auch im Gegensatz zu anderen Ansätzen – zu eigen macht und kompetent damit umgehen kann. Empirisches Denken, Wahrnehmen und Handeln gehört künftig zwingend in den Kanon der Systematik beruflichen Handelns.

- Auch im Bereich der *Fort- und Weiterbildung* müssen Anstrengungen unternommen werden, die KollegInnen aus der Praxis gezielt und vor dem Hintergrund der spezifischen Situation und Anforderung innerhalb ihrer Organisationen, zu kompetenten ‚SE-Fachkräften' machen. Hier sind sowohl die Fachhochschulen und die entsprechenden Einrichtungen der Fort- und Weiterbildung als auch die Verantwortlichen in den Verbänden und in den Sozialen Diensten selbst gefordert.

• Vor allem bei der Umsetzung von Selbstevaluationsvorhaben spielt die *Beratung und Begleitung der Praxis* eine wichtige Rolle. Hier geht es – die Vermittlung empirischer Grundkenntnisse schon vorausgesetzt – vor allem um die gezielte Hilfe und Unterstützung in spezifischen methodischen und Anwendungsfragen oder bei wichtigen Entscheidungen über den Verlauf und die Dimensionierung von Selbstevaluationsvorhaben.

• Nicht zuletzt ist aber auch das *Umdenken in der Praxis* der sozialen Dienste von größter Bedeutung: Mit größerer Selbstverständlichkeit als bisher muss davon ausgegangen werden, dass auch die Praxis einen empirischen Auftrag hat, den Auftrag nämlich, ihre eigenen Dienstleistungen einer ständigen methodisch kontrollierten Wirkungs- und Qualitätskontrolle zu unterziehen. Die Praxis muss sich darüber bewusst werden und sicher sein können, dass es eine originäre und selbstverständliche Aufgabe der SozialwissenschaftlerInnen sein wird, sie in diesem Vorhaben nach Kräften beratend und begleitend zu unterstützen. Schluss also mit gegenseitigem Desinteresse, Vorurteilen und Aversionen. Methoden müssen und können gemeinsam entwickelt werden, und auch dieses Buch kann seinen Beitrag dazu leisten. Wir benötigen Kooperation im Sinne eines Wissenstransfers in beide Richtungen.

Trotz allem sei noch ein letztes Mal erinnert an das Dilemma zwischen der Objektivität und der Gültigkeit dessen, was sich an Ergebnissen eines eigenen empirischen Zugriffs auf die Praxis ergeben kann: Objektivität kann als Maßstab für die Güte des Vorgehens und der Ergebnisse bei Selbstevaluationsvorhaben nicht im klassischen Sinne angewendet werden. Die Unabhängigkeit der Ergebnisse von denjenigen, die für ihr Zustandekommen verantwortlich sind – dies liegt in der Natur der Sache – kann (und soll!) nicht erreicht werden. Sich dessen bewusst zu sein, ist notwendige Voraussetzung und gleichzeitig einzige und wichtigste Gewähr dafür, dass die Ergebnisqualität einer Selbstevaluation ange-

149

sichts dieses Dilemmas optimiert werden kann. Mut und Eigenverantwortlichkeit der PraktikerInnen beim Beschreiben und Bewerten sind deshalb notwendig. Dies kommt auch dadurch zum Ausdruck, dass Selbstevaluation auch nach außen konsequent zu ihren Schlussfolgerungen und Konsequenzen zu stehen hat. Sie stellt sich der Diskussion um die unterschiedlichen Möglichkeiten der Entscheidung über die Praxis, für die sie ja letztlich verantwortlich ist.

Und ganz zum Schluss: Was wäre ein Buch über Selbstevaluation ohne den Versuch des Autors, genau dies zu tun: nämlich sich selbst die Frage nach der Qualität des eigenen Buches zu stellen. Ich möchte sie daher bitten, ermuntern und auffordern, mir mitzuteilen,

- an welchen Stellen Ihnen das Buch wichtige Dienste hat leisten können,

- wo dies nicht der Fall war (und eventuell warum nicht),

- was gefehlt hat und

- welche Ratschläge Sie mir sonst noch geben können,

bei meinem Versuch, auch künftig einen Beitrag zur Weiterentwicklung der Selbstevaluation als wichtige Methode im beruflichen Handeln in der Sozialen Arbeit zu leisten. Auf der Internetseite unserer Hochschule *www.evfh-nuernberg.de* sowie unter
www.evfh-nuernberg.de/evaluation
finden Sie alle Möglichkeiten der Kontaktaufnahme mit mir. Dafür bedanke ich mich schon jetzt bei Ihnen.

Teil 3
Arbeitsmaterialien
zur Selbstevaluation

Dieser letzte Teil des Buches ist gedacht als zusätzliche Anregung für die LeserInnen zur Entwicklung eigener Ansätze der Selbstevaluation in der Sozialen Arbeit. Vor allem wurden dazu Methoden und Instrumente aus laufenden oder bereits abgeschlossenen Vorhaben zusammengetragen. Weil sowohl von der *Beschreibung* als auch von der *Bewertung*, sowohl des *eigenen beruflichen Handelns* als auch seiner *Auswirkungen* die Rede ist, müssen auch ganz unterschiedliche Methoden im Verlauf zum Einsatz kommen (vgl. dazu Arbeitsschritt 7). Methoden, die allerdings allesamt in ihrer Grundform der allgemeinen empirischen Sozialforschung entnommen sind und – darin liegt eine Herausforderung an die Berufserfahrung der Fachkräfte – modifiziert auf die spezifische Situation vor Ort angewendet werden müssen: *Dokumentationsmethoden* halten das eigene berufliche Handeln anhand eines vorher erarbeiteten Rasters fest; *Befragungsmethoden* dienen dazu, ausgewählte Aspekte des Erlebens und Verhaltens von KlientInnen, TeilnehmerInnen oder BesucherInnen systematisch zu erfassen; *Beobachtungsmethoden* erlauben die strukturierte Erhebung des Verhaltens anderer Personen in bestimmten Situationen der Alltagspraxis; *Auswertungsmethoden* schließlich versuchen eine gezielte und fachlich begründete Bewertung des eigenen beruflichen Handelns und/oder seiner Auswirkungen.

Selbstevaluation braucht Methoden zur ...	... des eigenen Handelns	... seiner Auswirkungen
... Beschreibung ...	Dokumentationsmethoden	Befragungs- und Beobachtungsmethoden
... Bewertung ...	Auswertungsmethoden	

Diesem Fundus an Methodenbeispielen sind zwei Blöcke mit ‚Basiswissen' zu den Grundlagen von Beobachtungs- und Befragungsmethoden vorangestellt, denn bei diesen beiden klassischen Grundformen aus der empirischen Sozialforschung spielen begriffliche Unterscheidungen und strategische Varianten oft eine große Rolle, und sie sind es, die neben den klassischen Dokumentationsmethoden immer wieder in ganz unterschiedlichen Abwandlungen das Instrumentarium zur Selbstevaluation bilden.

Am Schluss des Buches stehen kommentierte Literaturhinweise, die eine gezielte Weiterarbeit am Thema, sowohl in theoretischer als auch in praktischer Sicht ermöglichen sollen.

6. Basiswissen Befragungs- und Beobachtungsmethoden

Befragungsmethoden

Definition	Befragung ist ein systematisches und regelgeleitetes Vorgehen, bei dem die untersuchten Personen durch eine Reihe gezielter Fragen zu verbalen Informationen veranlasst werden sollen. Folgende Formen der Befragung lassen sich nach verschiedenen Kriterien voneinander unterscheiden:

... nach der Art der Technik	• mündliche Befragung: Interview
	• schriftliche Befragung: Fragebogen
	  • mit Unterstützung
	  • unter Aufsicht
	  • postalisch

... nach dem Grad der Standardisierung und Strukturierung	• standardisierte und strukturierte Befragung: Formulierung und Reihenfolge der Fragen ist eindeutig festgelegt.
	  • bei Interview und Fragebogen möglich.
	  • Quantifizierbarkeit der Daten.
	  • gute Vergleichbarkeit der Ergebnisse.
	• nicht standardisierte und nicht strukturierte Befragung: qualitatives, narratives oder Intensivinterview.
	  • nur bei Interviews möglich.
	  • individuelle Unterschiede und persönliche Problemlagen werden berücksichtigt.
	  • natürlicherer, lockerer und lebensnaherer Gesprächsverlauf.
	• kombinierte Verfahren sind jederzeit möglich und oft sinnvoll!

... nach der Interpretationsrichtung	• objekt- und inhaltsbezogen:
	  • Beschreibung von sozialen Sachverhalten.
	  • soziographische Merkmale.
	  • Erhebung von Fakten über Ereignisse oder über andere Personen.
	• subjekt- und personenbezogen:
	  • psychologische Befragungen.
	  • Aufschluss über Merkmale der befragten Person selbst.
	  • Informationen beruhen auf Selbstbeobachtung („Introspektion").

... nach der Häufigkeit	• einmalig: Querschnittsuntersuchung.
	  • Ein Merkmal oder ein Sachverhalt interessiert zu einem bestimmten Zeitpunkt im Vergleich zwischen verschiedenen Personen(gruppen).
	• mehrmalig: Längsschnittuntersuchung, Panel
	  • Merkmalsveränderungen werden untersucht.
	  • Regelmäßige Befragungen mit gleichen Personen unter gleichen Bedingungen.

... nach der Rolle des Interviewers	• Forschungskontaktbefragung: Die Befragten werden über die Rolle des Interviewers und über das Projekt informiert. • Realkontaktbefragung: ForscherIn spielt eine Rolle in einer alltäglichen realen Situation (Glaubwürdigkeit!?).
Funktionsfragen und Ermittlungsfragen	Folgende Fragetypen lassen sich unterscheiden: • Funktionsfragen werden aus psychologischen oder befragungstechnischen Gründen eingefügt (Aufwärmfragen, Überleitungsfragen ...). • Ermittlungsfragen dienen der eigentlichen Beantwortung der Forschungsfragen.

Offene und geschlossene Fragen	• offene Fragen: freies, aktives Erinnern, Gedächtnismaterial wird subjektiv ,gefiltert' und verändert, dadurch werden Prioritäten erkennbar, subjektive Empfindungen und Bewusstseinsstrukturen werden erfasst, keine suggestive Beeinflussung durch Vorgaben, bisher unerkannte Missverständnisse und Irreführungen in der Fragformulierung werden aufgedeckt. • geschlossene Fragen: geringere Anforderungen an die Befragten: passives Wiedererkennen, Vergleichbarkeit der Antworten ist gegeben, Unwichtiges und scheinbar Selbstverständliches fällt nicht unter den Tisch.
Direkte und indirekte Fragen	• Direkte Fragen sind ohne Hintergrund so gemeint, wie sie formuliert sind. • Indirekte Fragen sollen bei der Beantwortung Informationen mitliefern, deren sich die Befragten zunächst vielleicht nicht bewusst sind (Indikatorfragen, projektive Fragen).
Regeln zur Formulierung von Fragen	Bei der Konstruktion von Fragebögen oder Interviewleitfäden sind folgende Regeln besonders wichtig: • Keine Überforderung: Anpassung an das Sprachniveau der Befragten (Motivationsverlust durch Frustration!). • Beispiele: Vermeidung von abstrakten und unkonkreten Fragen. • Abwechslung: Vermeidung von Monotonie (Lückentexte, kurze Fragen ...). • Eindeutigkeit: Vermeidung von Missverständnissen (keine Suggestivfragen!). • persönliche Achtung: Vermeidung von zu persönlichen und intimen Fragen, keine persönlichen Angriffe.

Regeln zur Platzierung von Fragen	• Aufwärmfragen an den Anfang. • wichtige und schwierige Fragen in die Mitte. • heikle und problematische Fragen an den Schluss. • demographische Fragen an den Schluss. • offene Interessensfragen vor geschlossenen Verhaltensfragen zur gleichen Thematik.
	Kriterien zur Entscheidung zwischen schriftlichen und mündlichen Befragungsmethoden:
Nachteile bei schriftlichen Befragungen	• keine motivierende und stimulierende Wirkung durch die Befragungsperson (postalische Befragung). • keine Kontrolle der Befragungssituation möglich (postalische Befragung). • kein Nachfragen, Erläutern und Ausräumen von Missverständnissen möglich (postalische Befragung). • Formulierungsschwierigkeiten bei offenen Fragen bei unterschiedlichem Bildungsniveau bzw. Vorwissen der Befragten. • mangelnde Ernsthaftigkeit: Verfälschung der Ergebnisse.
Vorteile bei schriftlichen Befragungen	• wesentlich billiger (größere Stichproben möglich!). • zeitsparender. • vorteilhafte Anonymität (unverkrampftere Antworten). • keine Ablenkung, Hemmung oder Beeinflussung durch die Befragungsperson. • gleiche Ausgangs- und Verlaufsbedingungen für alle (nur unter Aufsicht). • kein Zeitdruck (Nachteil?!).

Beobachtungsmethoden

Definition	Beobachtung ist die aufmerksame, planvolle, ziel-gerichtet selektive Wahrnehmung und Registrie-rung von Vorgängen an Gegenständen, Ereignis-sen und Personen.
Formen:	Folgende Formen der Beobachtung lassen sich unterscheiden:
... systematisch vs. naiv:	• systematische Beobachtung garantiert (?) Voll-ständigkeit, eindeutige Klassifikation, Abstrakti-on, hohe Zuverlässigkeit und Gültigkeit. (BeobachterInnenschulung!) • naive Beobachtung leistet Exploration bei neu-en Fragestellungen und kann zur Entwicklung neuer Hypothesen beitragen.
... strukturiert vs. unstrukturiert	• Strukturierung erlaubt Quantifizierung, inter-subjektive Kontrolle und eindeutige Zuordnung der Beobachtungen zu Kategorien. • Unstrukturierte Beobachtung kann qualitative Merkmale besser erfassen und ist sensibler für neue und unerwartete Phänomene. (nur grobe Beobachtungsrichtlinien sind möglich!)
... teilnehmend vs. nicht teilnehmend	• teilnehmend: BeobachterIn ist aktives Mitglied der Gruppe und kann Gruppenprozesse sofort mitbeeinflussen. • nicht teilnehmend: passive Distanz erlaubt ‚neutralere' Beobachtung. Vermeidung von ‚Rückbeeinflussungen' und Gedächtnistäu-schungen.
... offen vs. verdeckt	• offen: BeobachterIn tritt offiziell als ‚Forsche-rIn' auf und informiert die ‚Untersuchten' über Sinn und Zweck der Untersuchung. Gefahr der Verfälschung der Ergebnisse durch sog. ‚Ver-suchsleitereffekte'. • verdeckt: Identität der ForscherInnen bleibt un-bekannt (moralisches Kriterium!?).

Beobachtungssysteme	versuchen die inhaltlichen Strukturen der Untersuchung festzulegen: • Merkmalssysteme: umfangreiche Listen von konkreten, direkt beobachtbaren Merkmalen, die bei der Beobachtung vorkommen können. $\Rightarrow$ hohe Validität • Kategoriensysteme: Nur einzelne Kategorien werden vorgegeben, denen dann die konkreten Beobachtungen zugeordnet werden müssen. $\Rightarrow$ hohe Reliabilität
Beobachtungsfehler	• Wichtiges wird nicht wahrgenommen. (Ermüdung, Überforderung, Langeweile, Ablenkung, schlechte räumliche Verhältnisse) • Wichtiges wird verzerrt wahrgenommen, falsch eingeordnet und beurteilt. (Milde- und Strengeeffekt, Fehler der zentralen Tendenz, Erwartungsfehler des Beobachters) • Wichtiges wird wahrgenommen und richtig beurteilt, aber die Beobachtung selbst ist die Ursache für Ereignisse. (soziale Verzerrung: Erwartungs- und Novitätseffekte)
Gegenmaßnahmen	• neutrale oder ‚unbedeutende' Rolle des Beobachters. • KontrollbeobachterInnen. • Beobachterschulung (Sinn und Zweck der Untersuchung motiviert, Übung in ähnlichen Situationen, Kategorien- und Merkmalssysteme genau erläutern, Überprüfung an ‚Trainingsgruppen' mit Diskussion der Erfahrungen).
Vorteile	• Verhalten wird direkt zum Zeitpunkt des Geschehens erfasst (nicht im Nachhinein). • Erfassung konkreter, lebensweltnaher Situationen.
Nachteile	• keine Aussagen über Motive, Einstellungen und Hintergründe möglich. • Erfassung von Verhalten meist nur über kurze Zeiträume möglich.

7. Schnelltest

Ist Selbstevaluation in unserer Einrichtung sinnvoll oder nicht?

	trifft voll zu				trifft nicht zu
1. Qualitätsmanagement ist bei uns klar definiert und liegt in der Verantwortung der Leitung oder einer/s Beauftragten.	O	O	O	O	O
2. Die Leitung der Einrichtung ist durch Aus- und Weiterbildung und durch Kontakte zu anderen Einrichtungen dazu in der Lage, bei Neuerungen eine Vorreiterrolle zu spielen.	O	O	O	O	O
3. Die Bindung der MitarbeiterInnen an unsere Einrichtung ist stark.	O	O	O	O	O
4. Von Seiten unserer KlientInnen und KundInnen erhalten wir selten oder nie Klagen oder Veränderungswünsche.	O	O	O	O	O
5. Unser Leistungsspektrum wird regelmäßig mit dem unserer Konkurrenten verglichen.	O	O	O	O	O
6. Wir wissen genau, wer unsere KundInnen bzw. KlientInnen sind und was sie von uns erwarten.	O	O	O	O	O
7. Die Mitarbeitenden werden von ihren Vorgesetzten dazu angeregt, ihre Arbeitsweise zu verbessern.	O	O	O	O	O
8. Bei Neuerungen und Veränderungen ist die Leitung unserer Einrichtung sichtbar persönlich beteiligt.	O	O	O	O	O
9. Die kritischen Faktoren innerhalb unserer Organisationsabläufe sind bekannt.	O	O	O	O	O
10. In vergangener Zeit ist es uns immer wieder gelungen, Abläufe zu verbessern oder rationeller zu gestalten.	O	O	O	O	O

Auswertung: Anzahl der Kreuze je Spalte addieren, jeweils mit dem Faktor multiplizieren und die Ergebnisse zur Gesamtsumme addieren.

x0	x1	x2	x3	x4

0	10	20	30	40

Selbstevaluation...

...nicht notwendig

...zu empfehlen

...dringend angeraten

8. Methoden und Instrumente

In diesem Kapitel werden Arbeitsmaterialien vorgestellt, die den Fachkräften zur Verfügung stehen, um selbständig oder unter externer Beratung und Begleitung eigene Konzepte für Evaluationsprojekte zu entwerfen und die dazu notwendigen Methoden und Instrumente zu entwickeln. Wie bereits gesagt, ist es natürlich sinnvoll und in der Regel notwendig, dass auch die hier vorgestellten Instrumente modifiziert und den je eigenen Fragestellungen und Bedingungen angepasst werden. Alle Methoden werden dargestellt und kurz im Hinblick auf wichtige Besonderheiten erläutert. Hier der Überblick:

- *Zeitbudget* – Dokumentationsmethode zur Analyse der Verwendung von Arbeitszeit

- *Team-Doku* – Dokumentationsbogen zur Bewertung von Teamsitzungen

- *Kurs-Feedback* – Rückmeldebogen für Kurse und Seminare

- *Blitzlicht* – Methode zur Bewertung von Gruppensituationen

- *Bilanz* – Methode zur Dokumentation von Erwartungs-Realitäts-Unterschieden

- *Tagebuch I* – Abfragen zur Zufriedenheit von TeilnehmerInnen (quantitativ)

- *Tagebuch II* – Abfragen zur Befindlichkeit von TeilnehmerInnen (qualitativ)

- *Fragebögen* – Erhebung von psychischer Befindlichkeit, Bewältigungsverhalten und Zufriedenheit

- *Ereigniskarten* – Erhebung von Informationen direkt im Interventionsverlauf

- *Profile* – Auswertung und Interpretation der Ergebnisse aus den Ereigniskarten

- *Interviewleitfäden* – Strukturierung von Interviews mit verschiedenen Zielgruppen

- *Beobachtungsbogen* – Strukturierung von Beobachtung in der Sozialen Gruppenarbeit

- *Checkliste* – Dokumentationsmethode für Beratungssitzungen

- *Kriterienraster* – Methode zur Entwicklung von Qualitätskriterien in der Jugendhilfe

- *Zeitleiste* – Visualisierung von Veränderungen im Praxis- und Evaluationsverlauf

- *Matrix* – Datenaufbereitung zur quantitativen Auswertung durch eine Rohdatenmatrix

- *Häufigkeitstabellen und Balkendiagramme* – Datenaufbereitung und –auswertung

- *Kreuztabellen* – Datenauswertung durch Kreuztabellen und Balkendiagramme

Zeitbudget – Dokumentationsmethode zur Analyse der Verwendung von Arbeitszeit

In der Sozialpädagogischen Familienhilfe (SPFH) einer Kommune wird über Möglichkeiten der Effizienzsteigerung bei der Einteilung der Arbeitszeit unter den KollegInnen diskutiert. Um eine Planungsgrundlage für weitere Entscheidungen zu erhalten, wird beschlossen, dass alle MitarbeiterInnen über ein Vierteljahr kontinuierlich die Verwendung ihrer Arbeitszeit auf die wesentlichen Aufgabenbereiche der SPFH dokumentieren. Auf einem Zeiterfassungsbogen wird für jeden Arbeitstag festgehalten, wieviel Zeit in den entsprechenden Bereichen investiert wird. Die kleinste Erfassungseinheit ist eine Viertelstunde.

Zeiterfassungsbogen Monat:_____ Name:_____

Tag	Einzel-beratung	Gruppen-arbeit	Gemein-wesenarbeit	Öffentlich-keitsarbeit	Evalua-tion	Super-vision	Team-sitzungen	Andere Termine	:	Sonstiges	Ge-samt
1											
2											
3											
4											
5											
6											
7											
8											
9											
10											
...											
Ge-samt											

Nach Ablauf der Dokumentation kann für die KollegInnen getrennt und für das gesamte Team dargestellt und bewertet werden, wofür wieviel Zeit verwendet wird und wie auf dieser Grundlage eine künftig veränderte Einteilung aussehen könnte. Außerdem erlaubt die Analyse Rückschlüsse auf real anfallende Personalkosten in den verschiedenen Arbeitsbereichen und damit nicht zuletzt auf den echten Geldwert einzelner Dienstleistungen in der SPFH.

Team-Doku – Dokumentationsbogen zur Bewertung von Teamsitzungen

Zur Bewertung der Qualität ihrer wöchentlichen Arbeitsbesprechungen hat das Team eines Sozialpsychiatrischen Dienstes den folgenden Fragebogen entwickelt und dazu über ein halbes Jahr immer im Anschluss an die Besprechungen Daten zur subjektiven Einschätzung und zum tatsächlichen Verlauf der Sitzungen erhoben. Bei der Operationalisierung war man sich einig, dass sowohl emotional-persönliche Indikatoren als auch strukturell-organisatorische Aspekte zu berücksichtigen sind.

Bei der Auswertung wurde sowohl Mittelwerte berechnet ('Gesamtbewertung im Durchschnitt') als auch sogenannte 'Streuungsmaße'. Letztere ergaben ein Bild über das Ausmaß an Einheitlichkeit bzw. Heterogenität des Urteils. Außerdem konnten Veränderungen über die Zeit abgebildet und Gesamturteile je Sitzung berechnet werden. Eine qualitative Auswertung der Antworten auf die offene Frage am Ende des Bogens ergab zusätz-liche wichtige Hinweise auf Verbesserungsansätze im Hinblick auf die künftige Vorbereitung und Durchführung von Teamsitzungen.

	ja sehr gut vollkommen								nein sehr schlecht überhaupt nicht
Datum:_____									
Meine persönliche Stimmung war gut.	O	O	O	O	O	O	O	O	O
Die Stimmung im Team war gut.	O	O	O	O	O	O	O	O	O
Ich konnte mich gut einbringen.	O	O	O	O	O	O	O	O	O
Ich fühlte mich akzeptiert.	O	O	O	O	O	O	O	O	O
Auf meine Vorschläge wurde gut eingegangen.	O	O	O	O	O	O	O	O	O
Ich habe Unterstützung erfahren.	O	O	O	O	O	O	O	O	O
Die Sitzung hat mir für meine Arbeit etwas gebracht.	O	O	O	O	O	O	O	O	O
Die Leitung der Sitzung war effizient.	O	O	O	O	O	O	O	O	O
Die Sitzung war gut vorbereitet.	O	O	O	O	O	O	O	O	O
Die wichtigsten Beschlüsse wurden gefasst.	O	O	O	O	O	O	O	O	O

Was ich außerdem schon immer sagen wollte:

Kurs-Feedback – Rückmeldebogen für Kurse und Seminare

Dieser Kurzfragebogen wurde in der beruflichen Fort- und Weiterbildung zur abschließenden Bewertung von mehrtägigen Veranstaltungen eingesetzt. Zentrales Merkmal ist seine Kürze und Übersichtlichkeit, die die Motivation der Befragten, ihn am Ende einer langen Lern- und Arbeitsphase auch zu bearbeiten, wesentlich erhöht. Wichtig erscheint außerdem, dass trotz der Kürze auch Indikatoren zu den Rahmenbedingungen aufgenommen wurden und dass sowohl kognitive (den Wissenserwerb betreffende) als auch emotionale (das Wohlbefinden betreffende) Aspekte eine Rolle spielen.

Außerdem hat die Einschätzskala von 1 bis 6 zwei Vorteile: Zum einen assoziieren die Befragten Schulnoten und tun sich so leichter bei der Bewertung. Zum anderen wird der immer wieder beobachteten ‚Tendenz zur Mitte' beim Abgeben von Urteilen (extreme Einschätzungen werden gerne vermieden) entgegengewirkt, indem eine gerade Anzahl von Ausprägungen gewählt wurde und somit ein ‚mittleres Urteil' (‚sowohl als auch') unmöglich wird.

Kleine Rückmeldung für Seminar_____ Nr._____

Bitte bewerten Sie die folgenden Aussagen. 1 bedeutet volle Zustimmung, 6 bedeutet völlige Ablehnung:

	1	2	3	4	5	6
Der Inhalt des Seminars hat mir für mein Arbeit viel gebracht.	O	O	O	O	O	O
Was hier geboten wurde war neu für mich.	O	O	O	O	O	O
Die Inhalte waren didaktisch gut aufbereitet.	O	O	O	O	O	O
Die Übungs- und Diskussionsrunden haben mein Verständnis vertieft.	O	O	O	O	O	O
In der Lern- und Arbeitsgruppe habe ich mich wohlgefühlt.	O	O	O	O	O	O
Die räumliche und technische Ausstattung hat das Lernen unterstützt.	O	O	O	O	O	O
Unterkunft und Verpflegung haben zum Wohlbefinden beigetragen.	O	O	O	O	O	O
Insgesamt betrachtet bekommt dieses Seminar von mir die Note:	O	O	O	O	O	O

Haben Sie noch Vorschläge zur Verbesserung des Seminars? Benutzen Sie auch die Rückseite!

Blitzlicht-Methode zur Bewertung von Gruppensituationen

In der Jugendarbeit oder Erwachsenenbildung, aber auch in anderen Situationen, in denen sozialpädagogisch mit Gruppen gearbeitet wird, ist eine Momentaufnahme zur Situation in der Gruppe (im Hinblick auf Gruppendynamik, Wissensstand, Müdigkeit, Integration usw.) oft hilfreich, um sinnvolle Entscheidungen über das weitere Vorgehen treffen zu können. Als Entscheidungshilfe kann die Blitzlichtmethode dienen, mit der es möglich ist, drei verschiedene Indikatoren zur Situation in der Gruppe gleichzeitig und außerdem relativ anonym zu erheben. Dazu werden Klebepunkte in drei Farben (rot, gelb, grün) bereitgestellt, die von allen TeilnehmerInnen – möglichst zur gleichen Zeit, damit gegenseitige Beeinflussungen keine so große Rolle spielen – auf ein Koordinatensystem geklebt werden sollen. Mit jedem Punkt werden dabei drei Aussagen (in unserem Beispiel über die *Müdigkeit*, den weiteren Informationsbedarf und das individuelle *Wohlbefinden* der Einzelnen in der Gruppe) gemacht:

- *‚oben-Mitte-unten‘* entscheidet über die Müdigkeit,

- *‚links-Mitte-rechts‘* entscheidet über das Wohlbefinden

- die *Farbe* entscheidet über den weiteren Informationsbedarf: rot bedeutet ‚stopp‘, ich bin ‚voll‘, der Informationsbedarf ist gedeckt, ich muss das jetzt verarbeiten ...

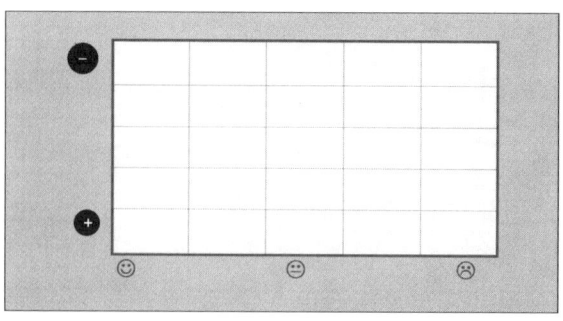

Auf der Moderationswand entsteht so unter Aktivierung der TeilnehmerInnen sehr schnell ein plastisches Bild der Gruppensituation bezogen auf die gewählte Aspekte. Anhand eines dicken Stiftes kann zur Auswertung noch deutlich gemacht werden, wo die Hauptgewichte bei den Bewertung – jeweils einzeln und in Verbindung miteinander – gesetzt worden sind.

Bilanz – Methode zur Dokumentation von Erwartungs-Realitäts-Unterschieden

(modifiziert nach Preiser [1989], S.122)

In vielen Fällen der sozialpädagogischen Beratung und Begleitung von KlientInnen oder Gruppen lassen sich zur Dokumentation und Selbstevaluation des eigenen beruflichen Handelns sogenannte Erwartungs-Realitäts-Bilanzen erstellen. In ihnen wird festgehalten, in welchem Verhältnis – im Nachhinein betrachtet – eigene Erwartungen bzw. vereinbarte Ziele mit dem tatsächlich Erreichten stehen. So lassen sich beliebige Aspekte (Zeitaufwand, Zielerreichung, Abhängigkeit von Hilfestellungen ...) in einer Bilanz für jeweils einen ‚Fall' tabellenartig gegenüberstellen und so mit anderen Fällen, im Verlauf der Zunahme eigener Berufserfahrung oder entlang der Veränderung anderer Rahmenbedingungen, vergleichen.

Erwartungs-Realitäts-Bilanz   Fall:_____   Datum:_____

		Realität	Erwartung
Termin Abschluss	Datum		
Zeitaufwand	Tage		
Soziale Kompetenzerweiterung	%.		
Abhängigkeit von Hilfestellungen	Punkte		
Alltagsbewältigung	Punkte		
...			
...			
Zielerreichung insgesamt	%		

Für die inhaltlichen Aspekte (Kompetenzerweiterung ...) kann dabei von 100% für die Erwartung ausgegangen werden und in der Spalte ‚Realität' dann jeweils eine darüber oder darunter liegende Zahl eingetragen werden. Wichtig ist, vorher diese inhaltlichen Kategorien zu operationalisieren und auf dieser Grundlage eventuell sogar einen entsprechenden Punktekatalog zu erarbeiten, der dann eine differenziertere Angabe des Verhältnisses zwischen Erwartung und Realität ermöglicht.

Tagebuch I -Abfragen zur Zufriedenheit von TeilnehmerInnen (quantitativ)

Der Sozialdienst einer Einrichtung der Jugendberufshilfe war interessiert an der Erhebung der Zufriedenheit der TeilnehmerInnen mit ihrer eigenen Arbeit, der Anleitung und der sozialpädagogischen Beratung. Weil es im Team besonders wichtig erschien, Veränderungen und Entwicklungen bei den einzelnen TeilnehmerInnen über mindestens ein Schuljahr zu dokumentieren, wurde eine einfache ‚grafische' 3-stufige Skala (☺ sehr zufrieden, ☺ einigermaßen zufrieden, ☹ unzufrieden) gewählt. So konnte die Akzeptanz und damit die Motivation zur Mitarbeit bei den TeilnehmerInnen über einen sehr langen Erhebungszeitraum (10 Monate) gesichert werden. Obwohl es sich um eine so ‚grobe' Messung der Zufriedenheit gehandelt hat, konnten im Ergebnis eindeutige Tendenzen

- für einzelne Indikatoren bei einzelnen Teilnehmern
- für einzelne Indikatoren bei allen TeilnehmerInnen und
- für einzelne Teilnehmer bezogen auf alle Indikatoren

abgebildet werden.

Tagebuch II-Abfragen zur Befindlichkeit von TeilnehmerInnen (qualitativ)

Parallel zur quantitativen Abfrage der Zufriedenheit auf der einfachen dreistufigen Skala wurde in der gerade erwähnten Maßnahme der Jugendberufshilfe auch qualitativ und inhaltlich gezielter nach erfreulichen Ereignissen, Unzufriedenheiten und persönlichen Belastungen gefragt. Hier wurde es allerdings den TeilnehmerInnen selbst überlassen, ob sie – jeweils am Ende eines Arbeitstages – ein solches Blatt in Stichworten oder kurzen Sätzen ausfüllen wollten.

Bei der Auswertung dieser Daten wurde im Sinne einer Qualitativen Inhaltsanalyse versucht, für die drei Indikatoren getrennt nach Kategorien zu suchen, die bei den Jugendlichen immer wieder vorkommen (z.B. Unzufriedenheit mit dem Essen, Belastungen durch die Situation auf dem Arbeitsmarkt, erfreuliche Lernschritte usw.) Eine sich daran anschließende Auszählung ermöglichte zusätzliche Aussagen über die unterschiedliche Häufigkeiten dieser verschiedenen Kategorien.

Tagebuch – Tagesblatt

Maßnahme: *Elektroschrott-Recycling*   Name: *Peter Maier* Tag: *5. Mai 2000*

Was war heute das erfreulichste Ereignis für mich?

Womit war ich heute am meisten zufrieden?

Was hat mir heute am meisten zu schaffen gemacht?

Fragebögen-Erhebung von psychischer Befindlichkeit, Bewältigungsverhalten und Zufriedenheit (Ausschnitte)

Erhoben werden sollten in einer Maßnahme zur beruflichen Eingliederung von psychisch kranken Jugendlichen Daten zur persönlichen und beruflichen Situation der TeilnehmerInnen sowie ihre Bewertungen zum Projekt nach einem halben Jahr Laufzeit. Die Informationen zur persönlichen Situation sind bereits zu Beginn des Projektes in identischer Form erhoben worden, so dass hier ein Vergleich der Ergebnisse möglich wurde. Die einzelnen Items sind aus einer Skala zur Messung psychischer Belastung in Krisensituationen (Zerssen, 1977) entnommen und teilweise modifiziert worden. Beide Fragebögen sind hier nur in kurzen Ausschnitten abgebildet.

Im Rahmen des Projekts "xy" erheben wir Daten zur Ihrer **persönlichen und beruflichen Situation**. Im Interesse guter Ergebnisse, die unsere Arbeit verbessern helfen sollen, möchten wir Sie bitten, die folgenden Fragen offen und ehrlich zu beantworten. Alle persönlichen Daten werden selbstverständlich nur anonym ausgewertet.

Machen Sie in jede Antwortzeile bitte jeweils nur ein Kreuz. ⊗
Ihre Antwortmöglichkeiten sind:

-2	*lehne völlig ab*
-1	*lehne ab*
0	*unentschieden*
+1	*stimme zu*
+2	*stimme voll zu.*

Inwieweit treffen die folgenden Einschätzungen in Ihrer momentanen Situation auf Sie zu?	-2	-1	0	+1	+2
Ich fühle mich niedergeschlagen und bedrückt.	○	○	○	○	○
Es fällt mir schwer, mich zu konzentrieren.	○	○	○	○	○
Die alltäglichen Dinge gehen mir nur langsam von der Hand.	○	○	○	○	○
Ich grüble sehr viel.	○	○	○	○	○
Ich fühle mich schlaff und energielos.	○	○	○	○	○
Ich zweifle an meinen Fähigkeiten.	○	○	○	○	○
Ich fühle mich nutzlos.	○	○	○	○	○

Wodurch erwarten Sie Unterstützung in Ihrer momentanen Situation?	-2	-1	0	+1	+2
Durch Ihren Partner bzw. Partnerin oder Ihre Familie	○	○	○	○	○
Durch Ihre Freunde oder Ihre Bekannten	○	○	○	○	○
Durch Beratungseinrichtungen des Trägers	○	○	○	○	○

Bitte geben Sie hier Ihre **Bewertungen zu den folgenden Punkten** ab.

Machen Sie in jede Antwortzeile bitte jeweils nur ein Kreuz. ⊗
Ihre Antwortmöglichkeiten sind:

-2	*hervorragend*
-1	*überwiegend gut*
0	*befriedigend*
+1	*eher unbefriedigend*
+2	*völlig unzureichend*

	-2	-1	0	+1	+2
Didaktische Vermittlung theoretischer Inhalte	○	○	○	○	○
Aktualität des vermittelten Wissens	○	○	○	○	○
Inhaltliches Niveau während der Theorieblöcke	○	○	○	○	○
Betreuung im Praktikum	○	○	○	○	○
Eigenverantwortliche Aufgabenübertragung im Praktikum	○	○	○	○	○
Anwendbarkeit des vermittelten Wissens im Praktikum	○	○	○	○	○

Ereigniskarten – Eine Erhebung von Informationen direkt im Interventionsverlauf

Zur Ereignisdatenerhebung wurde für ein Jugendhilfeprojekt zur beruflichen Eingliederung von benachteiligten Jugendlichen (vgl. König, 1995) ein Kärtchensystem entwickelt. Wichtige Informationen, auffällige Ereignisse im Projektverlauf, d.h. bei den Jugendlichen selbst, im sozialen Umfeld, z.B. im Wohnbereich oder in der Freizeit, können spontan erfasst und gleichzeitig den Indikatoren eines Variablenmodells (in der Karte rechts oben) durch Ankreuzen zugeordnet werden. Dieses Modell ist das Ergebnis der Operationalisierung des Gegenstands „Bedingungen für den Erfolg beruflicher Eingliederung". Es besteht aus neun Indikatoren in drei Dimensionen:

- Ereignisse in der beruflichen Entwicklung: Orientierung, Qualifizierung, Eingliederung;

- Soziales Umfeld: Freizeit, Familien, finanzielle Situation;

- Personale Bedingungen: Gesundheit, Selbstwert, Zukunftsperspektive.

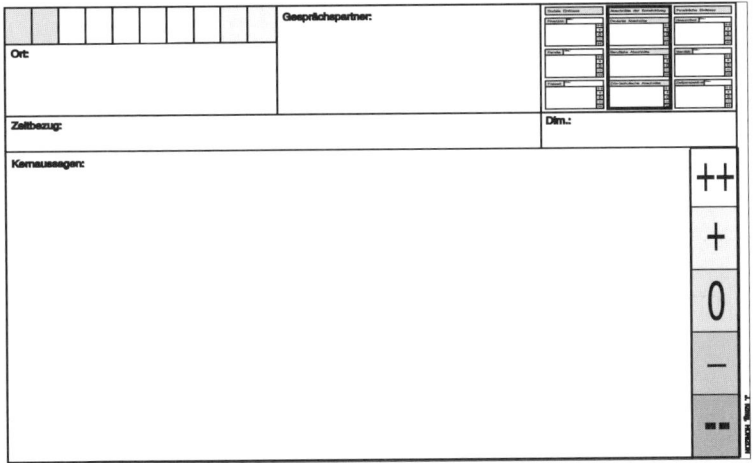

Wichtige Ereignisse und Veränderungen persönlicher Art (Gesundheit, Selbstwert, Zukunftsperspektive) und im sozialen Umfeld (Freizeit, Fa-

171

milie, Finanzen) sowie im Bereich der beruflichen Eingliederung werden stichwortartig oder in Form kurzer Texte auf den Karten notiert und, falls möglich, auf einer fünfstufigen Skala („sehr positiv' bis ‚sehr negativ') direkt bewertet. Über die Farben der Karten wird die Datenquelle kodiert, je nachdem ob die Informationen von den Jugendlichen direkt (rot), von den Anleitern im Arbeitsbereich (blau), über die Mitarbeiter im Wohnbereich (grün) oder über andere Quellen und Kontakte (gelb) gesammelt wurden. Besonders wichtig bei dieser Methode erscheint zum einen ein hoher Grad an Disziplin bei den beteiligten Fachkräften, was das korrekte und vollständige Ausfüllen der Karten angeht. Zum anderen ist es unbedingt erforderlich, dass alle bearbeiteten Karten an zentraler Stelle gesammelt, aus Gründen des Datenschutzes unter Verschluss gehalten und von Anfang an systematisch geordnet werden. Vor allem letzteres erleichtert die Aufbereitung und Auswertung der Daten ganz entscheidend. Außerdem ist es notwendig, mit allen Beteiligten und Betroffenen die Frage der Anonymität offen anzusprechen und das entsprechende Einverständnis einzuholen.

Profile – Auswertung und Interpretation der Ergebnisse aus den Ereigniskarten

Die Daten aus der Erhebung mit den gerade dargestellten Karten wurden im Verlauf des erwähnten Projekts grafisch aufbereitet. Es entstanden u.a. sogenannte Verlaufsprofile im Hinblick auf die bei den TeilnehmerInnen jeweils besonders relevanten Indikatoren. Diese wurden in einem zweiten Schritt einer korrelationsstatistischen Analyse unterzogen, d.h. es wurde untersucht, welche Variablen in ihrem Verlauf über einen bestimmten Zeitraum hinweg zueinander in einem Zusammenhang stehen, und zwar im Hinblick auf die Übereinstimmung in den Ausprägungen und im Hinblick auf ihr gemeinsames Ansteigen bzw. Absinken.

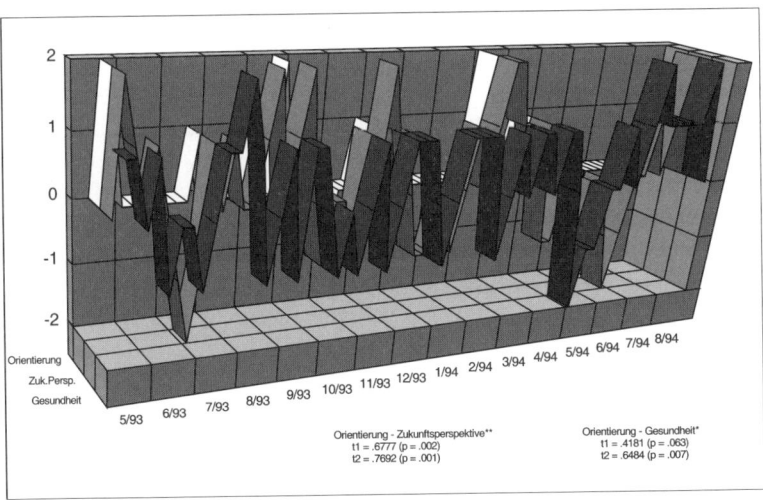

Orientierung – Zukunftsperspektive**
t1 = .6777 (p = .002)
t2 = .7692 (p = .001)

Orientierung – Gesundheit*
t1 = .4181 (p = .063)
t2 = .6484 (p = .007)

So entstanden durch die Profile ‚formativ' Ergebnisse, d.h. z.B. interessante und für die weiteren Interventionen gewinnbringende Diskussionen und Interpretationen im Team. Es hat sich gezeigt, dass kein einziger beruflicher und persönlicher Entwicklungsverlauf bei den Jugendlichen mit einem zweiten vergleichbar ist. Unterschiedliche biographische, soziale und personale Voraussetzungen, verschiedene Entwicklungsgeschwindigkeiten und Betreuungsbedürfnisse machen – so die Konsequenz – ein in jedem Einzelfall neues ‚Schnüren von Interventionspaketen' notwendig. Gerade deshalb war auch eine direkte Modifizierung der individuellen Hilfepläne bei den einzelnen TeilnehmerInnen aufgrund von Teilergebnissen sinnvoll.

Interviewleitfäden – Strukturierung von Interviews mit verschiedenen Zielgruppen

In einer Maßnahme zur beruflichen Eingliederung von benachteiligten Jugendlichen wurde versucht, die unterschiedlichen Bewertungen und Perspektiven von indirekt beteiligten Personen und Institutionen zu erheben. Dazu wurden halbstrukturierte Interviews mit MitarbeiterInnen des Arbeitsamtes, mit VertreterInnen der Betriebe, in denen Praktika abzuleisten waren und mit den Eltern der Jugendlichen geführt. Die Struktur für den Verlauf der Interviews von ca. 45 Minuten Dauer war durch Leitfäden vorgegeben. In den Leitfäden waren die beim Operationalisieren entstandenen Fragen und (jeweils darunter in eingerückter Form) wichtige zusätzliche Aspekte festgehalten. Der Verlauf der Interviews ergab sich zwar jeweils aus der Gesprächssituation heraus auf sehr unterschiedliche Art und Weise, wurde aber (vor allem im Hinblick auf Vollständigkeit) auch durch den Leitfaden bestimmt, in dem jeweils mit einem ˏ festgehalten wurde, was bereits besprochen war. Die Interviews wurden auf Tonband aufgenommen und anschließend „protokollierend" ausgewertet (vgl. Mayring, 1996[3]). Alle InterviewerInnen hatten vor der eigentlichen Datenerhebung mindestens ein Probeinterview gemacht, in dem die Gesprächstechnik geübt und ein Gefühl für mögliche Fehler (Abschweifungen ...) entwickelt werden konnte.

174

Befragung von Mitarbeitern des Arbeitsamtes zur Qualität und zu Möglichkeiten der Verbesserung der Kooperation zwischen Arbeitsverwaltung und Beschäftigungsbetrieben (Ausschnitt) ✓

...

- Wie häufig waren die dienstlichen Kontakte zwischen Ihnen und den Projekten in Ihrem Bezirk im letzten Jahr?
  - Ist die Zusammenarbeit aus Ihrer Sicht bisher zufriedenstellend verlaufen?
  - In welchen Punkten könnte sie noch verbessert werden? Wie?

- An welchen Punkten könnte aus Ihrer Sicht von Projektseite noch mehr für die Eingliederung der TeilnehmerInnen in Arbeit getan werden?
  - Wie könnte das geschehen?

...

Befragung der Arbeitgeber zur Qualität der Kooperationsstrukturen und zur Bewertung der Betriebspraktika. (Ausschnitt) ✓

...

- Wie würden Sie die Zusammenarbeit Ihres Unternehmens mit unserem Projekt in den letzten 6 Monaten charakterisieren?
  - An welchen Punkten sehen Sie Verbesserungsmöglichkeiten?

- Wie verlaufen aus Ihrer Sicht die Betriebspraktika bisher?
  - Wo liegen die Hauptprobleme?
  - Sind das eher Schwierigkeiten, die persönliche Ursachen bei den TeilnehmerInnen haben oder sehen Sie auch Probleme, die ihre Ursachen in der Art und Weise unserer Zusammenarbeit oder des Informationsflusses zwischen Ihnen und unserem Projekt haben?
  - Was kann in den kommenden Monaten zur Behebung dieser Probleme getan werden?

...

Elternbefragung zur Qualität des sozialen Netzwerkes der Jugendlichen (Ausschnitt)	✓
...	

• Gibt es im sozialen Umfeld Ihres Sohnes/Ihrer Tochter eine besonders wichtige Person? (Freunde, Bekannte, Verwandte...)
  • Wenn ja, könnte diese Person z.Zt. in irgend einer Weise hilfreich für ihn sein?
  • Wenn ja, wie?	

• Wie würden Sie Ihre Beziehung zu Ihrem Sohn/Ihrer Tochter bezeichnen? • Läßt er/sie sich von Ihnen helfen?	
• Haben Sie noch weitere Kinder? • Wenn ja, wie sehen seine/ihre Beziehungen zu den Geschwistern aus?	
• ...	

Beobachtungsbogen – Strukturierung von Beobachtungen in der Sozialen Gruppenarbeit

Dieser Bogen gibt ein Raster zur Dokumentation des Verhaltens von Gruppenmitgliedern bezogen auf einen bestimmten Aspekt (z.B. soziale Kompetenz) vor. Während oder direkt im Anschluss an eine Arbeitseinheit können vorher festgelegte (zu Indikatoren operationalisierte) Verhaltensweisen in ihrer Häufigkeit (siehe Kodierung) und Ausprägung (Beispiele) je TeilnehmerIn festgehalten und anschließend zu Vergleichszwecken über den zeitlichen Verlauf einer Maßnahme (Verbesserung oder Verschlechterung?) oder zwischen den Gruppenmitgliedern ausgewertet werden. Sinnvoll ist die Ergänzung eines zusätzlichen freien Feldes auf dem Bogen, in dem wichtige ergänzende (z.B. unerwartete) Beobachtungen festgehalten werden können.

Gegenstand:	Soziale Kompetenz in der Gruppenarbeit
Beobachteter:	Franz Huber
Beobachter/-in:	Gisela
Datum:	19.09.1999

Indikator	Häufigkeit	Wichtige Beispiele
...		
...		
... hilft Anderen		
... schlichtet Streit		
... fragt nach		
...		
...		
Kodierung: 1=häufig 2=ab und zu 3=selten 4=nie		

Sonstige Auffälligkeiten
:

Checkliste – Dokumentationsmethode für Beratungssitzungen

| Datum: _____ | KollegIn: _____ |
| KlientIn: _____ | beraten seit: _____ |

Aufnahme			1 2 3 4 5 6
Zuständigkeit geprüft	ja	nein	außerdem wichtig:
Institutionelle Vorgeschichte geklärt	ja	nein	
...	ja	nein	

Analyse			1 2 3 4 5 6
Lebensverlauf grob rekonstruiert	ja	nein	außerdem wichtig:
Stärken und Ressourcen abgefragt	ja	nein	
Zentrale Probleme benannt	ja	nein	
...	ja	nein	

Planung			1 2 3 4 5 6
Hilfe- und Entwicklungsplan formuliert	ja	nein	außerdem wichtig:
Zeitplanung erfolgt	ja	nein	
Konkretisierung ausreichend	ja	nein	
Bisherige Zeitplanung überprüft	ja	nein	
Abweichungen begründet	ja	nein	
...	ja	nein	

Umsetzung			1 2 3 4 5 6
Aktionsplan erstellt	ja	nein	außerdem wichtig:
Teilziele konkretisiert	ja	nein	
Zeitvorgaben eingehalten	ja	nein	
Abweichungen plausibel	ja	nein	
...	ja	nein	

Gesamtbewertung des Prozesses			**1 2 3 4 5 6**
Wichtige Bemerkungen insgesamt:			

Mit dieser Dokumentationsmethode zur Bewertung der Qualität von Beratungssitzungen kann festgehalten werden, ob alle wichtigen Aspekte im Verlauf berücksichtigt wurden (ja/nein) und wie im Nachhinein die einzelnen Dimensionen subjektiv im Hinblick auf ihr Gelingen (Note 1 – 6) eingeschätzt werden. Wichtig erscheint, dieses Instrument direkt im Anschluss an eine Beratungssitzung einzusetzen.

Die jeweils einrichtungsspezifische Operationalisierung ist Aufgabe des Teams und verlangt konsensuale Entscheidungen darüber, welches die wichtigsten Dimensionen und Aspekte sind, die die Qualität von Beratung im speziellen Fall ausmachen.

Sowohl hinter jeder Einzeldimension als auch am Ende des Bogens sind Felder freigehalten, in denen wichtige zusätzliche Überlegungen eingetragen oder wichtige Indikatoren (z.B. für die Weiterentwicklung des Instruments) ergänzt werden können.

Kriterienraster – Methode zur Entwicklung von Qualitätskriterien in der Jugendhilfe

Qualitätsdimensionen ▶ Leistungsdimensionen ▼	Realistisches Selbstwertgefühl	Frustrationstoleranz	Eigenverantwortliche Privatsphäre	Selbständige Lebensführung	Berufliche Eingliederung	...
Kontaktaufnahme						
Hilfeplanung						
Kooperation mit der Einrichtung						
Dokumentation						
Öffentlichkeitsarbeit						
Verwaltung						
...						

In diesem Raster wurde exemplarisch für den Bereich der Hilfen zur Erziehung (KJHG) der Versuch unternommen, Qualitätsdimensionen Sozialer Arbeit (Woran erkennen wir, dass wir gut arbeiten?) zu den einzelnen Bereichen der konkreten Dienstleistungen im beruflichen Alltag (Was tun wir konkret?) in Verbindung zu setzen. Für die Fachkräfte oder in Teams ergibt sich daraus die Möglichkeit zu formulieren, an welchen Stellen (Zeilen des Rasters) was konkret getan wird (bzw. getan werden könnte), um die Ziele (Spalten des Rasters) zu erreichen. Es lässt sich also die Frage klären, wo konkret was zur Erbringung von Qualität getan wird.

Zeitleiste – Visualisierung von Veränderungen im Praxis- und Evaluationsverlauf

Diese Methode ist u.a. auch zur Bewertung (also sozusagen zur Selbstevaluation) einer Selbstevaluation geeignet und kann z.B. zur Visualisierung von langfristig angelegten Dokumentations- und Evaluationsprozessen dienen. Zusammenhänge zwischen Ereignissen im Verlauf der Selbstevaluation (Einsatz von Methoden, Präsentation von (Zwischen)ergebnissen), im Verlauf der Alltagspraxis (berufliches Handeln, Konflikte ...) und im Umfeld der Praxis (Stadtteil, Politik, Gesellschaft ...) können erkennbar und interpretierbar gemacht werden. Notwendig dazu ist eine möglichst großflächige Darstellung auf den drei gewählten Ebenen (Evaluation, Praxis, Umfeld), die außerdem eine Zeitachse enthält. Die Einbindung von Fotos, Symbolen oder anderen sinnvollen farbigen Darstellungen kann dabei die kurzen Texte ergänzen und die Gesamtdarstellung eines bestimmten Verlaufs wesentlich plastischer machen. Kriterium für eine Eintragung in die Zeitleiste ist der Konsens unter den Beteiligten darüber, dass es sich um ein Ereignis, einen Beschluss oder eine Maßnahme handelt, deren Wichtigkeit für die Gesamtentwicklung eindeutig als hoch (Relevanz) eingestuft wird. Als Zeiteinheit für die Darstellung eignet sich je nach Dauer des Gesamtbetrachtungszeitraum 1 Woche oder 1 Tag. Im abgebildeten Beispiel wurden Kalenderwochen gewählt.

KW	...	5	6	7	8	9	10	11	12	13	14	15	16	17	18	19	20	21	22	23	24	25	...
Evaluation																							
Praxis																							
Umfeld																							

Ganz im Sinne des formativen Anliegens von Selbstevaluation kann eine Zeitleiste deutlich machen, wo es im Evaluationsverlauf zur direkten Einflussnahme auf Praxis und Umfeld aufgrund bestimmter Zwischenergebnisse der Evaluation gekommen ist. Genauso kann durch eine ‚zeitliche Verlängerung‘ der Leiste in die Zukunft geplant und entschieden werden, wie die einzelnen Ebenen künftig miteinander verknüpft werden sollen. Besonders die Aufklärungs- und Innovationsfunktion von Selbstevaluation wird an dieser Stelle deutlich.

Matrix – Datenaufbereitung zur quantitativen Auswertung durch eine Rohdatenmatrix

Die Rohdatenmatrix enthält alle Einzelergebnisse einer Untersuchung in kodierter Form. Jede Zeile der Matrix enthält die Ergebnisse für alle Indikatoren (‚Items' oder Variablen) zu einer befragten Person (‚Fall'). Jede Spalte der Matrix enthält die Ergebnisse für einen Indikatoren zu allen befragten Personen.

Variablennamen (Indikatoren) ➡	Geschlecht (G)	Alter (A)	Zufriedenheit (Z)	...	...
Ausprägungen (Werte)	[m, w]	[n] Anzahl der Jahre	1 = unzufrieden 2 = eher unzufrieden 3 = eher zufrieden 4 = zufrieden		
Fälle ⬇ (befragte Personen)					
1	m	20	2	...	...
2	m	32	1	...	...
3	w	42	2	...	...
4	m	28	4	...	...
5	w	52	4	...	...
6	w	45	4	...	...
7	w	19	4	...	...
8	m	23	1	...	...
9	w	23	3	...	...
10	m	43	3	...	...
...	...	...	...	...	...
...	...	...	...	...	...

182

Häufigkeitstabellen und Balkendiagramme – Datenaufbereitung und -auswertung

In die Häufigkeitstabellen werden für jede Variable einzeln die Häufigkeiten der vorgegebenen Ausprägungen (Werte) eingetragen. Die Balkendiagramme sind grafische Darstellungen von Häufigkeitstabellen. Dabei werden die Ausprägungen auf der x-Achse (waagrecht) eingetragen und deren Häufigkeit in Form eines Balkens der entsprechenden Höhe senkrecht, jeweils über den Ausprägungen (Werten), dargestellt. Als kleine Übung können hierfür die Werte aus der Datenmatrix übernommen und in die Tabellen und die Koordinatensysteme eingetragen werden

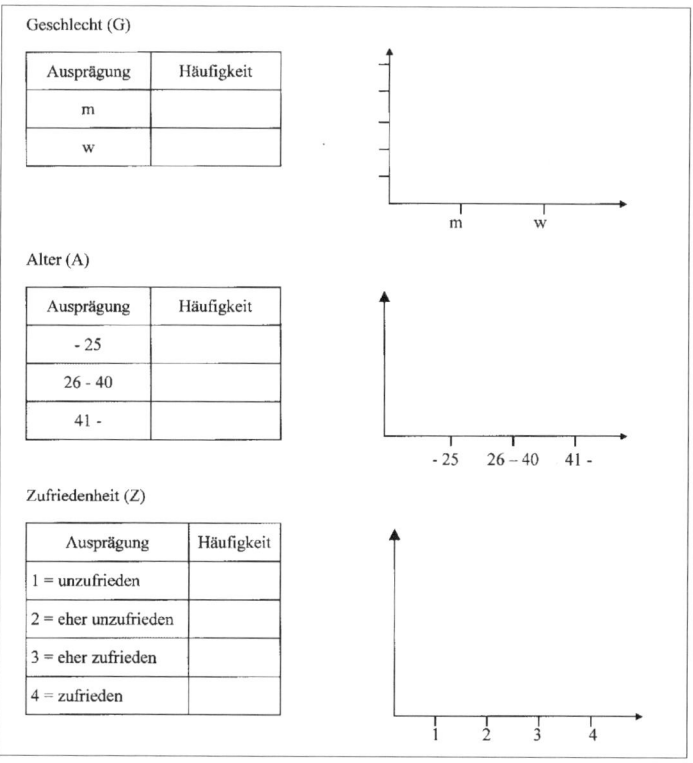

Kreuztabellen – Datenauswertung durch Kreuztabellen und Balkendiagramme

In die Kreuztabellen werden für je zwei Variablen die Häufigkeiten der Kombinationen für die vorgegebenen Ausprägungen (Wertepaare) eingetragen. Die Balkendiagramme sind jetzt grafische Darstellungen des Zusammenhangs zweier Variablen. Dabei werden die Ausprägungen einer der beiden Variablen auf der x-Achse (waagrecht) eingetragen. Die Häufigkeiten dieser Ausprägungen werden dann – getrennt nach den Ausprägungen der zweiten Variablen – in Form von zwei (oder mehreren) unterscheidbaren Balken der entsprechenden Höhe senkrecht, jeweils über den Ausprägungen (Werten), dargestellt.

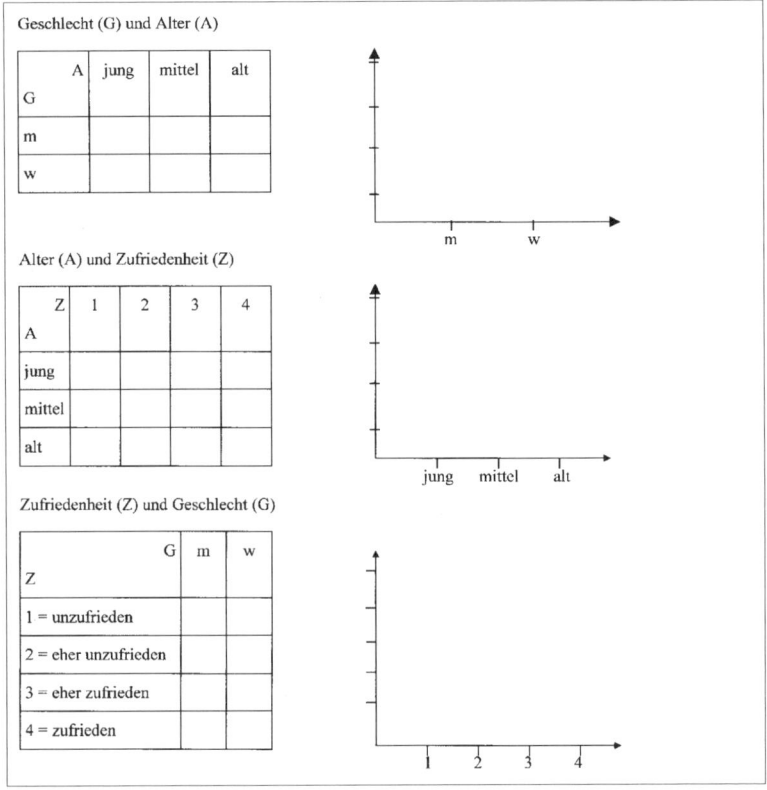

9. Kommentierte Literaturtipps

Die in diesem Kapitel angegebene und kommentierte Literatur ist zur weiteren Arbeit mit Selbstevaluationsmethoden in der Sozialen Arbeit geeignet. Sowohl für den Bereich der allgemeinen empirischen Sozialforschung als auch speziell für den Bereich der Selbstevaluation wurden diejenigen Beiträge ausgewählt, die geeignet erscheinen, PraktikerInnen ohne einen umfassenden theoretischen und sozialwissenschaftlichen Erfahrungshintergrund einen vertieften Einblick in verschiedene Fragen und Aspekte zur Theorie und Praxis der Selbstevaluation in der Sozialen Arbeit zu ermöglichen.

Allgemeine Literatur zur Empirischen Sozialforschung

Abel, J., Möller, R. & Treumann, K.P. (1998). Einführung in die empirische Pädagogik. Stuttgart: Kohlhammer.
Gut strukturiertes, aber nicht für ‚Anfänger' geeignetes Lehrbuch, das in seinen Beispielen sehr stark auf pädagogische und sozialpädagogische Fragestellungen abhebt. Die Anwendung von statistischen Methoden im Rahmen der Auswertung quantitativer Daten steht im Vordergrund. Unter dem Stichwort ‚Triangulation' wird sinnvollerweise großer Wert auf die Verbindung und gemeinsame Anwendung von quantitativen und qualitativen Methoden gelegt.

Atteslander, P. (2003^{10}). Methoden der empirischen Sozialforschung. Berlin, New York: de Gruyter.
Kompakte, übersichtliche Einführung in die Empirische Sozialforschung. Konzentriert sich auf das Wichtigste. Lehrbuchcharakter mit vielen Beispielen. Für alle, die von den Grundlagen der Empirischen Sozialforschung in einem sozialwissenschaftlichen Studium schon etwas gehört haben, hervorragend als Arbeitshilfe auch für die Praxis der Selbstevaluation geeignet.

Bortz, J./Döring, A. (2002⁴). Empirische Forschungsmethoden und Evaluation. Berlin, Heidelberg, New York, Tokyo: Springer.
Umfassender, ausführlicher Überblick über alle Grundlagen und auch sämtliche Spezialthemen der Empirischen Sozialforschung. In der dritten Auflage um ein neues Kapitel über Evaluation sozialwissenschaftlicher Gegenstände ergänzt. Viele ausführliche Beispiele machen auch komplizierte Probleme verständlich. Ein eigener sozialwissenschaftlicher Hintergrund, zumindest in Grundzügen, ist jedoch unerlässlich.

Diekmann, A. (1996). Empirische Sozialforschung. Reinbek: Rowohlt.
Sehr preiswertes rororo-Taschenbuch, das trotzdem einen gut gegliederten Überblick über den Verlauf, die notwendigen Arbeitsschritte und die zentralen Probleme eines sozialwissenschaftlichen Forschungsprozesses gibt. Außerdem werden viele Methoden vorgestellt, deren Anwendung auch in Praxisforschungs- und Selbstevaluationsprojekten sinnvoll erscheint.

Lamnek, S. (2005⁴). Qualitative Sozialforschung. Weinheim, Basel: Beltz Verlag.
Umfangreiche und in jeder Hinsicht ausführliche Einführung in die qualitativen Methoden der empirischen Sozialforschung. Vor allem der zweite Band (Methoden und Techniken) ist gut geeignet für die Planung, Vorbereitung und Durchführung einer eigenen wissenschaftlichen Begleitforschung. Jedoch, wie bei Bortz u.a.: Ein gewisser sozialwissenschaftlicher Erfahrungs- und Kenntnishintergrund ist unerlässlich.

Mayring, Ph. (1996³). Einführung in die qualitative Sozialforschung. Weinheim: Psychologische Verlags Union.
Gut verständliche Einführung in die qualitativen Methoden der Empirischen Sozialforschung. Deshalb vor allem dann geeignet, wenn im Rahmen der Selbstevaluation eher mit Einzelfallanalysen, der Auswertung von Berichten und Falldokumenten und mit Interviews gearbeitet werden soll. Kurze und sauber gegliederte Übersicht über alle wichtigen qualitativen Methoden der Datenerhebung, -aufbereitung und -auswertung – vor allem die Qualitative Inhaltsanalyse.

Raithel. J. (2006). Quantitative Forschung. Ein Praxiskurs. Wiesbaden: Verlag für Sozialwissenschaften.
Alle wichtigen Grundbegriffe, Schritte im Forschungsprozess und Verfahren der quantitativen empirischen Forschung werden anhand von vielen Beispielen eingeführt. Raithel legt großen Wert auf die Klärung der Fragen nach der Anwendbarkeit der Methoden in der Praxis. Auch die Hinweise auf den Umgang mit SPSS bei der Datenauswertung in diesem Zusammenhang sind sehr hilfreich.

Rogge, K.E. (Hg.) (1995). Methodenatlas für Sozialwissenschaftler. Hamburg: Springer
Teures aber hervorragend gegliedertes und grafisch ansprechend aufgemachtes Überblickswerk. Führt anschaulich in alle wichtigen Arbeitsschritte und Grundfragen der Empirischen Sozialforschung incl. Statistik ein und stellt dabei immer wieder gekonnt den Gesamtzusammenhang her. Außerdem wird sehr großer Wert auf die Diskussion von praktischen Durchführungsproblemen und deren mögliche Lösung – auch im Laufe von Praxisforschungsprojekten – gelegt.

Spezielle Literatur zur Selbstevaluation

Beywl, W. & Geiter, Chr. (1997). Evaluation – Controlling – Qualitätsmanagement. Gütersloh: Bertelsmann.
Stellt Evaluationsmethoden und deren methodologische Grundlagen umfassend dar und versucht außerdem den nicht einfachen Gesamtzusammenhang zwischen Evaluations- und Qualitätsfragen insgesamt herzustellen. Sinnvoll erscheint außerdem, dass auch die betriebswirtschaftliche Perspektive im Hinblick auf Fragen des Controlling angesprochen wird.

Grubauer, F. & Waldmann, K. (1997). Prozeßorientierte Qualitätssicherung. QS 13. Materialien zur Qualitätssicherung in der Kinder- und Jugendhilfe. Bonn: Bundesministerium für Familie, Senioren, Frauen und Jugend.
Leider beschränkt auf das Praxisfeld der Jugendarbeit und der politischen Bildung, werden anhand von 12 Beispielen und praktischen Fragestellungen Möglichkeiten der Qualitätssicherung durch Selbstevalua-

tion vorgestellt. Es geht dabei immer um die Frage, wie die Erreichung gesteckter Ziele nicht nur als Produkt bewertet, sondern im Rahmen eines prozessorientierten Evaluationsverfahrens nachgewiesen werden kann. Kostenlos beim BMFSJF anzufordern oder aus dem Internet herunterzuladen unter http://www.bmfsfj.de/biblioth/kindjuge/index.htm.

Heiner, M. (Hg.) (1994). Selbstevaluation als Qualifizierung in der Sozialen Arbeit. Fallstudien aus der Praxis. Freiburg: Lambertus
Die wichtigsten Grundlagen der Selbstevaluation in der Sozialen Arbeit werden gelegt. Anschließend werden einige Selbstevaluations-Projekte aus verschiedenen Feldern der Sozialen Arbeit dargestellt und deren Ergebnisse – auch im Hinblick auf ihre Reichweite – diskutiert. Gute Einführung in die Höhen und Tiefen, Chancen und Grenzen von Selbstevaluation.

Heiner, M. (Hg.) (1996). Qualitätsentwicklung durch Evaluation. Freiburg: Lambertus.
Ähnlich wie Heiner (1994), jedoch bezogen auf andere Praxisfelder und theoretisch zusätzlich an der Frage orientiert, welcher Zusammenhang zwischen Qualitätsmanagement, Qualitätssicherung und Qualitätsentwicklung einerseits und Selbstevaluation andererseits besteht.

Heiner, M. (Hg.) (1998). Experimentierende Evaluation. Weinheim und München: Juventa.
Dieses Buch versucht eine praktikable Verbindung zwischen Praxisforschung und Organisationsentwicklung herzustellen. In 13 Projektberichten werden die Erfahrungen von Fachkräften mit den Versuchen berichtet, ihre eigene Praxis forschend und experimentierend weiterzuentwickeln. Die Einzelprojekte unterscheiden sich stark im Hinblick auf die Arbeitsfelder und im Hinblick auf die Komplexität der Vorhaben. Das Buch hat für PraktikerInnen anregenden Charakter.

Liebald, Ch. (1998). Leitfaden für Selbstevaluation und Qualitätssicherung. QS 19. Materialien zur Qualitätssicherung in der Kinder- und Jugendhilfe. Bonn: Bundesministerium für Familie, Senioren, Frauen und Jugend.
Gut aufgebautes und klar strukturiertes Arbeitsheft inclusive Leitfäden und Checklisten. Es werden Einsatz- und Wirkungsmöglichkeiten von Selbstevaluation, aber auch die Grenzen ihrer Reichweite im Gesamt-

zusammenhang des Qualitätsmanagements diskutiert. Anschließend werden einzelne Arbeitsschritte einer Selbstevaluation dargestellt. Die verwendeten Beispiele stammen allerdings ausschließlich aus dem Praxisfeld der Jugendarbeit, lassen sich aber überwiegend auch auf andere Bereiche und Zielgruppen übertragen. Kostenlos beim BM FSJF anzufordern oder aus dem Internet herunterzuladen unter http://www.bmfs-fj.de/biblioth/kindjuge/index.htm

Moser, H. (1995). Grundlagen der Praxisforschung. Freiburg: Lambertus.
Ein Buch, das Praxisforschung und Evaluation zunächst sehr grundsätzlich behandelt und dabei auf der langen Tradition der amerikanischen Aktions- und Handlungsforschung aufbaut. Im zweiten Teil werden Methoden und Instrumente dargestellt, die auch für Selbstevaluationsvorhaben geeignet sind. Dem Verfasser geht es dabei vor allem um die Frage, wie die Ergebnisse der Evaluation möglichst direkt und gewinnbringend zur Steuerung und Verbesserung der Praxis eingesetzt, d.h. in den Arbeitsalltag integriert werden können.

Moser, H. (2003[2]). Instrumentenkoffer für die Praxisforschung. Pestalozzium & Freiburg: Lambertus.
Sehr kurz gehaltenes, kompaktes und preiswertes Buch, das nach einer kurzen methodentheoretischen Einführung viele brauchbare Einzelinstrumente und -techniken für die Selbstevaluation vorstellt. Gut geeignet, um sozusagen ‚nebenher' im beruflichen Alltag damit zu arbeiten.

Preiser, S. (1989). Zielorientiertes Handeln. Ein Trainingsprogramm zur Selbstkontrolle. Heidelberg: Asanger.
Ohne überhaupt auf den Begriff Selbstevaluation einzugehen, werden in diesem Buch Methoden und praktische Instrumente dargestellt, die sehr gut zur Erfolgskontrolle in der Sozialen Arbeit geeignet sind. Weil das Buch als Trainingsprogramm (auch für Teams) aufgebaut ist, kann es den Verlauf von Begleitforschungs- und Selbstevaluationsprozessen immer wieder bereichern und positiv beeinflussen.

Sanders, J.R. (1999) (Hg.). Handbuch Evaluationsstandards. Opladen: Leske + Budrich.
Aus dem Amerikanischen übersetzte, sehr differenzierte Darstellung von Nützlichkeit, Durchführbarkeit, Korrektheit und Genauigkeit als

den zentralen Kriterien zur Bewertung von Evaluationsprozessen. Viele gute, ausführliche, jeweils positive und negative Beispiele für die Durchführung einer Evaluation in der pädagogischen und sozialpädagogischen Praxis. Gut auch als Nachschlagewerk für die Praxis der Selbstevaluation geeignet.

Wottawa, H. & Thierau, H. (2003³). Lehrbuch Evaluation. Bern: Verlag Hans Huber.
Das grundlegendste Werk über Evaluation. Gut verständlicher Überblick über alle formen und Verfahren von Evaluation einschließlich des jeweiligen methodologischen Hintergrunds. Als Nachschlagewerk für alle, die den Dingen auf den Grund gehen wollen, gut geeignet.

Literatur

Atteslander, P. (2003[10]). Methoden der empirischen Sozialforschung. Berlin, New York: de Gruyter.

Balzer, L., Frey, A., Nenniger, P. (1999). Was ist und wie funktioniert Evaluation? In: Empirische Pädagogik 13 (4), 393-413.

Beywl, W. & Geiter, C. (1996). Evaluation – Controlling – Qualitätsmanagement in der betrieblichen Weiterbildung. Kommentierte Auswahlbibliographie. Bielefeld: W. Bertelsmann.

Beywl, W. & Henze, B. (1999). Praxisbegleitende Trainings in Selbstevaluation. Ein Einstieg in die Qualitätsentwicklung von unten. PÄD Forum, 3, 211-218.

Beywl, W. & Schepp-Winter, E. (1999). Zielfindung und Zielklärung – ein Leitfaden. Materialien zur Qualitätssicherung in der Kinder- und Jugendhilfe, QS 21. Bonn: BMFSFJ.

Beywl, W. & Schepp-Winter, E. (2000). Zielgeführte Evaluation von Programmen. Ein Leitfaden (Materialien zur Qualitätssicherung in der Kinder- und Jugendhilfe, Bd. 29). Bonn: Bundesministerium für Familie, Senioren, Frauen und Jugend.

Beywl, W. (2001). Konfliktfähigkeit der Evaluation und die „Standards für Evaluationen". Sozialwissenschaften und Berufspraxis, 24, 151-164.

Beywl, W., Bestvater,H. (1998). Selbst-Evaluation in pädagogischen und sozialen Arbeitsfeldern. In: Bundesvereinigung Kulturelle Jugendbildung (Hrsg.): Qualitätssicherung durch Evaluation. S. 33-43. Remscheid: Selbstverlag.

Beywl, W., Borgmann, M. & Schobert, B. (2004). Evaluation "Jahr der Chemie 2003". Bestandsaufnahme und Perspektiven der Weiterentwicklung des Konzepts "Wissenschaftsjahr". Köln: Univation Institut für Evaluation und wissenschaftliche Weiterbildung e. V.

BMFSFJ (2000). Auswertung von Seminaren und Tagungen. QS 27. Materialien zur Qualitätssicherung in der Kinder- und Jugendhilfe, QS 21. Bonn: BMFSFJ.

Boeßenecker, K.-H. u.a. (Hrsg.) (2003). Qualitätskonzepte in der Sozialen Arbeit. Eine Orientierung für Ausbildung, Studium und Praxis. Weinheim: BeltzVotum.

Bortz, J. & Döring, N. (2002[3]). Forschungsmethoden und Evaluation. Berlin, Heidelberg, New York, Tokyo: Springer.

Brunner, E. J., Bauer, P. & Volkmar, S. (Hg.) (1998). Soziale Einrichtungen bewerten. Theorie und Praxis der Qualitätssicherung. Freiburg: Lambertus.

Combe, A. & Helsper, W. (1996). Pädagogische Professionalität. Untersuchungen zum Typus pädagogischen Handelns. Frankfurt a.m.: Suhrkamp.

Deutsche Gesellschaft für Evaluation (DeGEval). (2004). Empfehlungen zur Anwendung der Evaluationsstandards der DeGEval im Handlungsfeld der Selbstevaluation. Deutsche Gesellschaft für Evaluation.

Dewe, B. u.a. (1993). Professionelles soziales Handeln. Weinheim: Juventa.

Engelke, E. (1998). Theorien der Sozialen Arbeit. Freiburg: Lambertus.

Flick, U. (2004): Triangulation. Wiesbaden: Verlag für Sozialwissenschaften.

Friebertshäuser, B. & Prengel, A. (Hg.) (1997). Handbuch Qualitative Forschungsmethoden in der Erziehungswissenschaft. Weinheim: Juventa.

Grohmann, (1997). Das Problem der Evaluation in der Sozialpädagogik. Frankfurt a.M.: Peter Lang Verlag.

Heil, K., Heiner, M., Feldmann, U. (2001). Evaluation sozialer Arbeit. Frankfurt: Eigenverlag des Deutschen Vereins für öffentliche und private Fürsorge.

Heiner, M. (1998). Experimentierende Evaluation, Weinheim, München: Juventa.

Heiner, M. (Hg.) (1988). Praxisforschung in der Sozialen Arbeit, Freiburg: Lambertus.

Heiner, M. (Hg.) (1994). Selbstevaluation als Qualifizierung in der Sozialen Arbeit. Fallstudien aus der Praxis, Freiburg: Lambertus.

Heiner, M. (Hg.) (1996). Qualitätsentwicklung durch Evaluation, Freiburg: Lambertus.

Heiner, M., Meinhold, M., v. Spiegel, H. & Staub-Bernasconi, S. (Hg.) (1994). Methodisches Handeln in der Sozialen Arbeit. Freiburg: Lambertus.

Hense, J. & Mandl, H. (2003). Selbstevaluation. Ein Ansatz zur Qualitätsverbesserung pädagogischer Praxis und seine Umsetzung am Beispiel des Modellversuchprogramms SEMIK. In Forschungsbericht Nr. 162. München: Ludwig-Maximilians-Universität, Lehrstuhl für Empirische Pädagogik und Pädagogische Psychologie.

Hollstein-Brinkmann, H. (1993). Soziale Arbeit und Systemtheorien. Freiburg: Lambertus

Kähler, H. D. (1999). Berufliche Selbstevaluation. Die Kunst, sinnvolle Fragen zu stellen. In: Soziale Arbeit (3), 93-99.

Keupp, H. (2000). Die Suche nach der Qualität Sozialer Arbeit im Spannungsfeld von Markt, Staat und Bürgergesellschaft. In J. König, Ch. Oerthel & H.-J. Puch, Qualitätsmanagement und Informationstechnologien im Sozialmarkt. Starnberg: Verlag R.S. Schulz.

Kleining, G. (1995). Lehrbuch entdeckende Sozialforschung. Bd. I. Von der Hermeneutik zur qualitativen Heuristik. Weinheim: Juventa.

König, J. (1995). Legitimation durch Bewertung. Ansätze zur Evaluation von Maßnahmen der beruflichen Benachteiligtenhilfe. In Horizon, Berichte und Analysen. Bonn: Europabüro für Projektberatung.

König, J. (1998). Prozessorientierte Selbstevaluation als Aufgabe der Sozialen Arbeit. Grundsätzliche Überlegungen – veranschaulicht am Beispiel einer Begleitforschung zur Erhebung und Bewertung von Verlaufs- und Ereignisdaten in der beruflichen Rehabilitation. In: Kreft, D. & Steppuhn, U.D. (Hg.), Forschung an Fachhochschulen – am Beispiel der Fachhochschulen der Sozialen Arbeit. Frankfurt a.M.: ISS & Hans-Böckler-Stiftung.

König, J. (1998). Wie gut sind wir eigentlich? Kleiner Leitfaden zur Selbstevaluation in der Sozialen Arbeit. In Verhaltenstherapie und psychosoziale Praxis, 30 (2/3), 181-200. Tübingen: DGVT-Verlag.

König, J. (2002). Wert und Bewertung Sozialer Arbeit – Nutzen und Grenzen von QM-Konzepten. In: Boysen, T. & Strecker, M. (Hg.), Der Wert der Sozialen Arbeit. Akzente, Bd. 15. München: Herbert-Utz-Verlag.

König, J. (2003). Weniger ist mehr – Kommentar zu den Standards für Selbstevaluation der Deutschen Gesellschaft für Evaluation. In: Zeitschrift für Evaluation 1/2003.

König, J. (2004). Evaluation bedeutet Qualitätssicherung und den ersten Schritt zur Nachhaltigkeit. Eine Einführung in die Technik der Selbstevaluation. In: BRANDaktuell – Arbeitsmarktpolitischer Service der Landesagentur für Struktur und Arbeit, 1/2004, S. 14-15.

König, J. (2006). Ein Praxisleitfaden zur Selbstevaluation in der Jugendhilfe. In: Unsere Jugend, 1/2006, S. 13-20.

König, J., Oerthel, Ch. & Puch, H.-J. (Hg.). (2002). Soziale Organisationen gestalten – Fachlichkeit in neuen Strukturen. Starnberg: R.S. Schulz Verlag.

König, J., Oerthel, Ch. & Puch, H.-J. (Hg.). (2003). Soziale Arbeit im gesellschaftlichen Wandel – Ziele, Inhalte, Strategien. Starnberg: R.S. Schulz Verlag.

König, J., Oerthel, Ch. & Puch, H.-J. (Hg.). (2006). Visionen sozialen Handelns. Menschlich + fachlich + wirtschaftlich. München: allitera-Verlag.

Kromrey, H. (2001). Evaluation – ein vielschichtiges Konzept. In: Sozialwissenschaften und Berufspraxis 24 (2), 105-131.

Lamnek, S. (20054). Qualitative Sozialforschung. Weinheim, Basel: Beltz Verlag.

Mayring, Ph. (19963). Einführung in die qualitative Sozialforschung. Weinheim: Psychologische Verlags Union.

Moser, H. (1995). Grundlagen der Praxisforschung. Freiburg: Lambertus.

Moser, H. (20032). Instrumentenkoffer für die Praxisforschung. Pestalozzium & Freiburg: Lambertus.

Müller, C.W. (1997). Sozialpädagogische Evaluationsforschung. Ansätze und Methoden praxisbezogener Untersuchungen. Berlin: unv. Manuskript.

Müller-Kohlenberg, H. & Beywl, W. (2003). Standards der Selbstevaluation. Zeitschrift für Evaluation, 2, 79-93.

Otto, H.-U. (1998). Die Zukunftsfähigkeit der sozialpädagogischen Forschung. In Th. Rauschenbach & W. Thole, Sozialpädagogische Forschung. Gegenstand und Funktionen, Bereiche und Methoden, S. 133-139, Weinheim: Juventa.

Patton, M. Q. (1997). Utilization focused evaluation. Thousand Oaks/London/ New Delhi 3/97.

Puch, H.-J. & Westermeyer, K. (1998). Managementkonzepte. Eine Einführung für soziale Berufe. Freiburg: Lambertus.

Puch, H.-J. (1997²). Organisation im Sozialbereich. Freiburg: Lambertus.

Puch, H.-J. (2000). Soziale Arbeit im Aufbruch: Auf dem Weg zu einer neuen Professionalität? In König, J., Oerthel, Ch. & Puch, H.-J. (Hg.), Qualitätsmanagement und Informationstechnologien im Sozialmarkt. Starnberg: R.S. Schulz Verlag.

Raithel, J. (2006). Quantitative Forschung. Ein Praxiskurs. Wiesbaden: Verlag für Sozialwissenschaften.

Rifkin, J. (1997). Das Ende der Arbeit und ihre Zukunft. Frankfurt: Fischer.

Rossi, P., Lipsey, M. W. & Freeman, H. (2004). Evaluation. A systematic approach. Thousand Oaks: Sage.

Rossi, P.H., Freeman, H.E. & Hofmann, G. (1988). Programm-Evaluation. Einführung in die Methoden angewandter Sozialforschung. Stuttgart: Enke-Verlag.

Sanders, J.R. (Hg.) (1999). Handbuch der Evaluationsstandards. Die Standards des „Joint Committee on Standards for Educational Evaluation". Opladen: Leske+Budrich.

Schernus, R. (1997). Rotkäppchen im Modul-Zeitalter. Eine marktorientierte, qualitätsgesicherte Übersetzung. Sozialpsychiatrische Informationen, 27, Heft 4, S. 21 – 23.

Staub-Bernasconi, S. (1995). Systemtheorie, soziale Probleme und soziale Arbeit lokal, national, international oder: vom Ende der Bescheidenheit. Bern: Huber.

Straus, F. (1998). Partizipatives Qualitätsmanagement als Erweiterung praxisorientierter Evaluationskonzepte. In M. Heiner, Experimentierende Evaluation, Weinheim, München: Juventa.

Thole, W. (1999). Die Sozialpädagogik und ihre Forschung. Sinn und Kontur einer empirisch informierten Theorie der Sozialpädagogik. In Neue Praxis, 3/99, S. 224-244.

von Spiegel, H. (1993). Aus Erfahrung lernen. Qualifizierung durch Selbstevaluation. Münster: o.V.

von Spiegel, H. (1995). Qualitätsentwicklung in Zeiten knapper werdender Mittel. In: Evangelische Jugendhilfe, 19-95.

Weigand, H. (1998). Empirie – Hat sie ihren Stellenwert und ihre Bedeutung für Theorie und Praxis der Sozialen Arbeit eingebüßt? In N. Huppertz (Hg.), Theorie und Forschung in der Sozialen Arbeit. Neuwied: Luchterhand.

Wendt, W. R. (1994). Sozial und wissenschaftlich arbeiten. Status und Positionen der Sozialarbeitswissenschaft. Freiburg: Lambertus.

Williams, C.L. (1996). Creating Understanding That Cultivates Change. In: Qualitative Inquiry, 1996, S. 151ff.

Wolf, U. (Hg.) (1994). Aristoteles' Metaphysik. Reinbek bei Hamburg: Rowohlt.

Wottawa, H. & Thierau, H. (2003³). Lehrbuch Evaluation. Bern: Verlag Hans Huber.

Zerssen, D.v. (1977). Beschwerdenliste (B-L). In CIPS (Hg.), Internationale Skalen für Psychiatrie. Berlin:o.V.

Der Autor

Joachim König. geb. 1957, Dr. phil., Diplom-Pädagoge, Professor für Allgemeine Pädagogik und Empirische Sozialforschung am Fachbereich Sozialwesen der Ev. Fachhochschule Nürnberg. Arbeitsschwerpunkte: Grundfragen der Erziehung in der Sozialen Arbeit; Jugendarbeit, Jugendsozialarbeit und Jugendberufshilfe; Erwachsenenbildung; Methoden der Praxisforschung; Beratung und Begleitung Sozialer Organisationen in Qualitäts- und Evaluationsfragen; Fortbildungen im Bereich Selbstevaluation, Organisations- und Qualitätsentwicklung. Leiter der Arbeitsstelle für Praxisforschung und Evaluation im kirchlichen, sozialen und Bildungsbereich an der Ev. Fachhochschule Nürnberg.